국어 어휘력
만점 공부법
시작은 한자 다

국어 어휘력 만점공부법, 시작은 〈한자〉다
(꼬리에 꼬리를 무는 〈한자〉와 〈한자〉의 연결망)

[만점공부법®] 시리즈 **NO.34**

지은이 ㅣ 국밥연구소
발행인 ㅣ 홍종남

2023년 7월 17일 1판 1쇄 인쇄
2023년 7월 23일 1판 1쇄 발행

이 책을 만든 사람들
기획 ㅣ 김경아
북 디자인 ㅣ 김효정
출판 마케팅 ㅣ 김경아
제목 ㅣ 구산책이름연구소

이 책을 함께 만든 사람들
종이 ㅣ 제이피씨 정동수 · 정충엽
제작 및 인쇄 ㅣ 천일문화사 유재상

특별히 고마운 사람들
조동림 님

펴낸곳 ㅣ 행복한미래
출판등록 ㅣ 2011년 4월 5일. 제 399-2011-000013호
주소 ㅣ 경기도 남양주시 도농로 34, 301동 301호(다산동, 플루리움)
전화 ㅣ 02-337-8958   팩스 ㅣ 031-556-8951
홈페이지 ㅣ www.bookeditor.co.kr
도서 문의(출판사 e-mail) ㅣ ahasaram@hanmail.net
내용 문의(국밥연구소 e-mail) ㅣ gookbaab@gmail.com
※ 이 책을 읽다가 궁금한 점이 있을 때는 지은이 e-mail을 이용해 주세요.

ⓒ 국밥연구소, 2023
ISBN 979-11-86463-68-0
〈행복한미래〉 도서 번호 099

국어 어휘력 만점 공부법

시작은 한자다

|국밥연구소 지음|

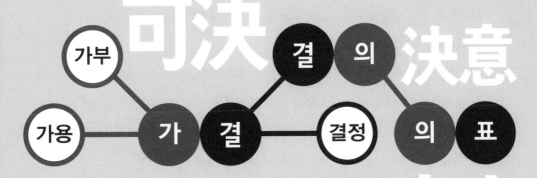

행복한미래

중학교 시험에서 수능까지, 어휘력 없이는 성적도 없다

아이들은 우리말 어휘 실력을 키우기 위한 노력을 거의 하지 않는다. 엄마들도 그냥 책만 많이 읽으면 아이의 어휘력은 자연스럽게 늘어날 것이라 믿는다. 하지만 엄마의 기대와는 달리 초등학생들의 어휘력은 대부분 수준 이하다. 다행인지, 불행인지 초등학생 때는 어휘력 수준이 잘 드러나지 않는다. 초등학교 교과서에 나오는 단어는 어려운 한자어가 별로 없다. 대부분 쉬운 한자어와 순우리말이다. 아이들이 읽는 동화책과 교과서의 어휘도 크게 다르지 않아서 뜻을 이해하는 데 별 어려움을 겪지 않는다.

하지만 중학생이 되면 사정은 완전히 달라진다. 교과서에 갑자기 어려운 한자어가 등장하기 시작하면서 한자 어휘를 모르면 시험 문제를 풀기 어려운 지경에 이른다. 국어, 사회, 도덕 시험을 볼 때 학생들이 내용을 알고도 틀리는 경우가 많은데, 이 경우 상당수는 어휘의 뜻을 제대로 이해하지 못했기 때문이다.

어휘력은 수능 성적에도 큰 영향을 끼치는데, 영어 시험을 볼 때만 어휘력이 필요한 것이 아니다. 다음은 2023학년도 대학수학능력시험 국어영역(홀수형) 4~9번 문제에 나오는 한자어들이다.

집성, 편찬, 간행, 위엄, 과시, 미상, 염두, 발췌, 학풍, 조류, 범주, 견문, 집적, 고증, 식자, 중시, 관념, 사유, 축적, 망라, 일원, 표제, 배제, 하위, 절충, 원류, 척도, 탈피, 매개, 의거, 계몽, 용이, 혼재 ……

이 어휘들의 뜻을 제대로 모른다면 수능 국어에 나오는 글은 외국어나 다름없게 된다. 어느 정도 안다고 하더라도 한자어가 많이 들어간 지문에 익숙하지 않다면 글을 읽는 속도가 느려지고, 이는 시험 결과에 좋지 않은 영향을 끼친다. 국어만 그런 게 아니다. 탐구 과목에서 다루는 고난도 지식을 습득하기 위해서도 국어 어휘력은 필수다.

어휘의 한계가 생각의 한계다

조지 오웰이 쓴 ≪1984년≫을 보면 독재자들이 시민들을 효과적으로 지배하기 위해서 시민들이 사용하는 언어의 수를 줄이는 정책을 펴는 장면이 나온다. 지배자들의 얘기를 대충 소개하면 다음과 같다.

"어휘의 양이 줄어들면, 생각의 폭이 줄어들고, 생각의 폭이 줄어들면 시민들은 영원히 우리들의 지배를 당연하게 받아들일 것이다. 사용하는 어휘의 수가 크게 줄어들면, 시민들은 우리들이 쓰는 말의 의미조차 전혀 이해하지 못할 것이다."

≪1984년≫에 등장하는 독재자들은 시민들이 쓰는 어휘의 수준이 곧 생각의 수준임을 잘 알고 있었다.

우리말과 외국어를 비교해 보면 '어휘의 한계'가 곧 '생각의 한계'임이 분명하게 드러난다. 우리말에서 파란색을 표현하는 단어는 '파랗다' 외에 '푸르다', '시퍼렇다', '새파랗다', '푸르뎅뎅하다', '푸르스름하다', '파르르하다' 등과 같이 다양하다. 그러나 영어에서 '파랗다'는 'Blue' 하나다. 우리는 파란색을 여러 가지로 표현하지만 영어를 쓰는 사람에게 파란색은 그저 'Blue'일 뿐이다. 'Blue'로 사고방식의 틀이 정해진 사람은 우리말 속에 담긴 다양한 느낌을 전혀 이해하지 못한다.

에스키모인들이 하얀 눈을 표현하는 말은 무려 200여 가지라고 하는데, 그들이 흰 눈을 바라보는 폭넓은 사고는 그 어떤 언어도 따라가지 못한다. 어휘의 한계가 사고의 한계다. 어휘력이 떨어지면 사고력도 떨어지고, 이해력도 떨어진다.

사전을 펴놓고 어휘 공부를 별도로 해야 하나?

　사전을 찾는 습관은 매우 좋다. 그러나 그것도 하루 이틀이지 날마다, 필요할 때마다 사전을 찾으면서 어휘를 익힐 수는 없는 노릇이다. 독서를 하면서 옆에 사전을 놓고 모르는 단어가 나올 때마다 찾으면서 읽는다고 생각해보라. 아마 대다수의 학생들은 책 읽는 것을 포기하고 말 것이다. 공부에 지친 학생들에게는 사전을 찾는 일 자체가 고통일 것이다. 정말 필요할 때 사전을 찾아 보는 습관은 필요하지만, 사전 찾기가 어휘 학습의 중심으로 자리 잡기는 현실적으로 어렵다.

　어휘 공부는 암기를 통해 해결하는 것이 아니다. 우리말 어휘를 암기한다고 해서 어휘력이 향상되지도 않는다. 설사 사전을 옆에 두고 우리말 어휘를 별도로 암기한다고 하더라도 어휘력은 별로 늘지 않는다. 솔직히 어휘 학습을 위해 책을 옆에 두고 열심히 암기하는 학생도 별로 없다.

어휘력은 어떻게 늘어나는가?

　유아기 때 아이들의 어휘는 폭발적으로 늘어난다. 인생의 그 어떤 시기에도 유아기만큼 폭발적으로 어휘를 습득하지는 못한다. 유아들은 사전을 찾아가면서 어휘를 익히지 않는다. 대화 속에서, 상황 속에서, 이야기 속에서 자연스럽게 어휘의 뜻을 받아들이고 익힌다. 어휘는 앞뒤 맥락 속에서 익히는 것이지, 한 단어로 익히는 것이 아니기 때문이다.

　우리가 알고 있는 어휘들을 생각해보자. 일상생활에서 늘 사용하는 어휘도 그 뜻을 정확하게 물어보면 언뜻 설명하기 어려운 것이 정말 많다. 그렇지만 그 어휘를 사용하거나, 이해하는 데는 아무런 문제가 없다. 어휘는 개별적으로 익히는 것이 아니라 전체적인 맥락 속에서, 문장의 쓰임 속에서 자연스럽게 익혀야 한다.

어휘의 핵심은 한자어, 한문 공부를 해야 하나?

학생들이 어휘 공부하면서 힘들어하는 이유는 거의 대부분 한자어 때문이다. 어려운 한자어가 나열된 글을 읽으면 분명히 우리말이기는 한데 도대체 무슨 뜻인지 진혀 감을 잡지 못한다. 대부분의 학생들에게 어휘의 한계는 곧, 한자어로 된 우리말의 한계다.

그렇다면 한자어 어휘의 한계를 극복하기 위해 한자 공부를 해야 할까? 물론 한자 공부를 하면 도움은 되겠지만 한자어를 제대로 익히기에는 한자가 너무 많다. 따라서 어휘력을 기르기 위해 그 많은 한자를 다 공부할 수는 없는 노릇이다.

핵심은 한자음의 뜻이다

소희는 '불신'이라는 단어의 뜻을 몰랐다.

"불신의 '불'이 무슨 뜻인 것 같아?"

한참 고민하던 소희가 대답했다.

"불날 때 불인가요?"

선생님은 한참을 웃다가 설명했다.

"불신의 불은 불평, 불가능, 불만에 쓰이는 '불'과 같아."

잠시 고민하던 소희가 대답했다.

"음, 그러니 no나 not이란 뜻이네요. 그럼 신은 뭐에요?"

"믿는다는 뜻이야."

"그러니까 불신은 '믿지 못한다'는 뜻이군요."

.

소희는 한자어와 우리말을 전혀 구분하지 못한다. 낯선 한자어가 나오면 그 뜻을 전혀 짐작하지 못한다. 한자어 어휘력을 확장할 때 중요한 것은 한자 공부가 아니라 한자어에 사용된 '음'의 뜻을 이해하는 것이다. 학생들은 이미 많은 한자어를 사용하고 있다. 그렇기 때문에 기존에 알고 있는 한자어의 음을 바탕으로 새로운 한자어를 익히는 것은 한자어의 어휘를 확장하는 가장 좋은 방법이다.

우리말에는 '새파랗다', '새까맣다', '새하얗다'라는 말이 있다. 여기에 쓰인 '새'는 날아다니는 '새'가 아니다. '새-'는 '매우 짙고 선명하게'라는 뜻을 더하는 접두사이다. 만약 '새-'를 날아다니는 '새'로 안다면 단어의 뜻을 전혀 이해하지 못하게 된다. 반면에 '새-'의 뜻을 정확히 알면 '접두사 새-'가 쓰인 전혀 새로운 단어가 나와도 그 뜻을 짐작할 수 있다.

한자는 뜻글자다. 음에 뜻이 담겨 있다. 한자의 이런 특성을 이용해 한자어 어휘 학습을 하면 매우 효과적이다.

소희가 '소통'의 뜻이 무엇이냐고 물었다.

"통을 쓰는 낱말에는 무엇이 있지?"

"통나무의 통, 통통 튄다의 통."

"하하하, 그것도 통은 통이네. 그것 말고 통을 쓰는 말을 한번 생각해봐."

"통일, 교통, 통신……."

"맞아. 그때 쓰는 통이 바로 한자어야. 그러면 어떤 '통'과 소통이 비슷한 뜻으로 사용한 것일까?"

"통일?"

"통일의 통은 무슨 뜻?"

"하나로 합친다는 뜻일 것 같은데요."

"비슷해. 그러면 다른 것은?"

"교통이나 통신은 서로 통한다는 뜻 같네요."

"그럼 소통은 합친다의 '통'일까, 통한다의 '통'일까?"

"잠깐만요. 문상 좀 보고요. 아! 통한다는 통이네요."

"빙고. 그러니까 대충 무슨 뜻인지 알겠지?"

"서로 통한다는 뜻 같아요."

중학교 2학년 유리가 책을 읽다가 물었다.

"봉착이 무슨 뜻이에요?"

"무슨 뜻일까? 생각해봐."

"봉착? 혹시 도착의 '착'과 같은 뜻 아닐까요? 문제에 봉착했다는……. 딱히 설명은 못하겠지만 대충 뜻은 알겠네요."

유리는 봉착의 뜻을 정확히 몰랐지만, 봉착의 '착'과 도착의 '착'이 비슷한 뜻일 것이라고 짐작했다. 그리고 문장을 읽어보고 봉착이 무슨 뜻인지 대충 짐작을 했다. 이것이 바로 한자어 어휘 학습의 핵심 비결이다.

착(着)은 '붙다'의 뜻이다. '착(着)'을 사용한 단어는 대략 다음과 같다.

'착'으로 끝나는 말 – 봉착, 선착, 불시착, 탄착, 패착, 애착, 종착, 교착, 압착, 토
착, 흡착, 유착, 집착, 정착, 접착, 종착, 도착, 안착······.
'착'으로 시작하는 말 – 착의, 착복, 착석, 착수, 착지, 착공, 착색, 착륙······.

착(着)이 '붙다'의 뜻으로 사용된다는 것을 이해하면 '착'을 사용한 단어의 뜻을 미루어 짐작할 수 있다. '착'과 함께 사용한 '음'의 뜻까지 안다면 단어의 뜻을 완전하게 이해하게 된다. '착'과 더불어 사용한 '음'의 뜻을 잘 몰라도 '착'이 '붙다'를 의미한다는 것을 알면 문맥 속에서 대략 어떤 뜻인지 짐작할 수 있다.

우리말에 쓰이는 착(着)은 대부분 '붙다'라는 뜻으로 쓴다. 그러니 '착'이 나오면 그냥 '붙다'라는 뜻으로 생각하면 대부분 맞는다. 반면, 앞에서 언급했던 '통'은 하나의 '음'에 여러 뜻이 포함되어 있다.

'큰 줄기'를 뜻하는 통(統) – 통일
'통하다'는 뜻의 통(通) – 교통, 통신
'아프다'라는 뜻의 통(痛) – 통증, 진통

이렇게 다양한 뜻이 있기 때문에 '통'이라는 '음'이 나오면 무조건 하나의 뜻으로 생각하면 안 된다. 새로운 단어가 나오면 이 셋 중에서 어떤 뜻과 가까운지 판단해야 한다. 예를 들어 '도통'이라는 말이 있다고 하자. 도통의 '통'은 통일의 '통'이지만 통증의 '통'과는 잘 안 어울리는 느낌이 든다. 도통의 '도'가 '길이나 이치'를 뜻하기 때문이다. 따라서 도통의 '통'은 '통하다'일 가능성이 높다. '길/이치+통하다', 대충 이러한 뜻이 합쳐진 말이다. 이 정도로 뜻이 드러나면 도통의 정확한 뜻을 몰라도 문맥 속에서 뜻을 이해하는 것은 어렵지 않다.

어휘력 만점을 위한 비법은 두 가지 뿐이다

의외로 어휘력을 향상시키는 방법은 간단하다.

첫째, 우리말 단어 조합을 이루는 한자어 공부를 한다

한자어 공부라고 해서 한자를 일부러 찾아보고 익힐 필요까지는 없다. 이미 알고 있는 한자어를 바탕으로 새로운 한자어로 확장하는 방식으로 어휘를 늘려간다. 전혀 짐작하기 어려운 글자가 나올 때만 사전을 찾는다. 참고로 LBH교육출판시에서 나온 《우리말·한자어 속뜻 사전》은 우리말 옆에 친절하게 한자를 소개하고 있기 때문에 한자어 어휘 학습을 할 때 활용하면 많은 도움이 된다.

둘째, 한자음의 뜻을 바탕으로 문맥 속에서 단어의 뜻을 짐작하는 훈련을 반복한다

언어 생활의 최소 단위는 단어가 아니라 '문장'이다. 같은 단어라도 문장에 따라 뜻이 전혀 달라진다. 특히 한자어는 발음은 같아도 전혀 다른 뜻인 경우가 많다. 예를 들어보자.

(가) "아빠는 어떤 경우에도 <u>가정</u>의 행복을 지켜야 해요."
(나) "네가 만약 아빠라고 <u>가정</u>해봐. 너는 그럴 수 있니?"

(가)의 '가정'과 (나)의 '가정'은 같은 음이지만 뜻은 전혀 다르다. 이처럼 어휘는 문장에서 그 뜻을 파악하고 활용하는 것이지, 어휘 독자적으로 사용하는 것이 아니다. 문맥 속에서 어휘를 파악하는 습관이 형성되면, 모르는 단어가 나와도

대충 짐작할 수 있다. 간략하게 순서를 정리하면 다음과 같다.

첫째, 모르는 단어가 나오면 자신이 아는 한자어 중에서 음이 같은 것을 떠올린다.

둘째, 대충 어떤 것과 비슷할 것이라고 짐작한다.

셋째, 문장을 읽어보고, 문맥 속에서 그 뜻을 짐작해본다.

넷째, 문장의 뜻이 통하고, 앞뒤 문장과 연결했을 때 자연스러우면 자신이 생각한 그 뜻이 맞는 것이다.

이것이 바로 모르는 한자어, 어려운 어휘를 익혀 나가는 가장 효과적이고 빠른 방법이다. 이 책의 목적은 국어 어휘력을 키우는 4단계 비법에 익숙해지도록 하는 것이다. 학생들은 약간 집중해서 이 책을 읽기만 하면 된다. 사전을 찾을 필요도 없고, 심각하게 암기할 필요도 없다. 다만 책을 편하게 읽으면서 '새로운 어휘가 나왔을 때는 이렇게 하는 것이구나' 하고 깨닫기만 하면 된다. 최소한 세 번 정도만 이 책을 읽으면 낯선 어휘가 나와도 어휘의 뜻을 짐작하는 자신을 발견하게 될 것이다.

국어 어휘력 만점공부법, 시작은 〈한자〉다!
5단계 훈련법

1단계 한자음 연결고리 소개

각 장의 제목이다. 총 120개의 한자음으로 단어의 연결고리를 만들었다. 이런 식으로 연결고리를 만든 것은 한자음이 어떻게 서로 연결되는지 보여주기 위함이다. 새로운 장을 펴면 바로 글을 읽지 말고, 잠깐이라도 이 단어의 연결고리를 쳐다보면서 뜻을 짐작해보기 바란다.

01
가결㬱決 : 결의決意 : 의표意表

지 않는다.

나는 재빨리 다른 화장실로 향했다. 톡톡~! 톡톡톡! 응, 여기는 아빠가 점령했다. 아빠는 화장실에 앉아 신문을 보신다. 도대체 신문을 왜 화장실에 들어가서 보시는지 이해가 안 간다. 나는 더 이상 물러날 수 없다며 결의를 다졌다. 더 이상 아침마다 겪는 이 괴로움을 참을 수가 없었다. 그래서 아빠에게 항의를 했다.

"아빠, 아무리 그래도 너무하시잖아요. 신문은 나와서 보셔야죠. 신문에서 냄새 나지 않아요?"

아빠는 조금 권위주의가 때문에 함부로 얘기하시는 분별지만, 이제 중학생도 되었으니 당당히 말했다. 아빠가 뭐라고 하면 나는 이러저러한 논리로 받아치겠다고 결의를 다지고 있었다. 그런데 내 예상과 완전히 다른, 내 의표를 찌르는 아빠의 한마디.

"아, 네가 모닝 똥의 기쁨을 알아?"

헉, 모닝 똥의 기쁨! 아빠의 어처구니없는 말씀에 나는 완전히 무너져버렸다. 다리는 비비 꼬이고 힘들었지만 결국 아빠가 충분히 모닝 똥의 기쁨을 누리고 나오실 때까지 기다릴 수밖에 없었다.

아, 이 황당하게 찾아오는 괴로움은 언제쯤 끝나려나? 꿈에서처럼 국회의원님들이 나서서 법으로 화장실 이용 시간을 정하면 얼마나 좋을까!

"아침 화장실 이용 시간을 10분 이하로 제한하는 법이 가결되었음을 선포합니다."

국회의장이 드디어 화장실 이용 제한법이 가결되었음을 선포했다. 기다리고 기다리던 법이다. 아침마다 나에게 괴로움을 안겨주던 아빠와 누나는 이제 더 이상 화장실을 오랫동안 사용할 수 없다. 법으로 정해졌으니까. 나는 빨딱빨딱 뛸 정도로 좋아했다. 그런데 아뿔싸! 신호가 온다. 나는 위쪽이다가 눈을 떴다.

"어련, 그 좋은 것이 꿈이었다니."

나는 한숨을 쉬었다. 그러나 머뭇거릴 시간이 없다. 조금씩 늦어진다는 화장실 앞에서 괴로운 표정을 짓는다. 나는 후다닥 달려갔다. 첫 번째 화장실, 톡톡~. 톡톡톡~! 누나다. 후~, 누나는 화장실에 들어가면 최소 30분이다. 도대체 아침마다 30분씩 뭐하고 있는지 모르겠다. 그렇다고 더 애써지는 것도 아닐 텐데 말이다. 누나는 30분을 반드시 채우겠다고 결의한 사람처럼 절대로 그 전에는 나오

024 국어 어휘력 만점공부법 시작은 〈한자〉다

025

2단계 문맥으로 파악하는 훈련

'이야기 속 어휘'는 각 장의 제목으로 제시한 세 개의 어휘를 활용한 글이다. 이 글은 중학생의 하루 생활을 바탕으로 했기 때문에 글을 이해하는 데 어려움이 없을 것이다. 대충 앞뒤 문맥을 보면 모르는 어휘의 뜻을 짐작하기 어렵지 않다. 참고로 읽는 재미를 위해 '30개의 에피소드'는 계속 연결되도록 하였음을 밝혀둔다. 한꺼번에 연결해서 읽으면 하나의 단편 소설 같은 느낌이 들 것이다.

01
가결可決 : 결의決意 : 의표意表

이야기 속 어휘

"아침 화장실 이용 시간을 10분 이내로 제한하는 법이 가결되었음을 선포합니다."

국회의장이 드디어 화장실 이용 제한법이 가결되었음을 선포했다. 기다리고 기다리던 법이다. 아침마다 나에게 괴로움을 안겨주던 아빠와 누나는 이제 더 이상 화장실을 오랫동안 사용할 수 없다. 법으로 정해졌으니까 나는 벌써부터 흐뭇해 진다. 그런데 아랫배가 살살 아팠다. 신호가 온다. 나는 위청되다가 눈을 떴다.

"이런, 그 좋은 것이 꿈이었다니."

나는 한숨을 쉬었다. 그러나 머뭇거릴 시간이 없다. 조금만 늦었다가는 화장실 앞에서 괴로운 시간을 보내야 한다. 나는 후다닥 달려갔다. 첫 번째 화장실, 똑똑~, 똑똑똑~ 누나다. 흠~, 누나는 화장실에 들어가면 최소 30분이다. 도대체 아침마다 30분씩 뭐하고 있는지 모르겠다. 그렇다고 더 예뻐지는 것도 아닐 텐데 말이다. 누나는 30분을 반드시 채우겠다고 결의한 사람처럼 절대로 그 전에는 나오

지 않는다.

나는 재빨리 다른 화장실로 향했다. 똑똑~! 똑똑똑! 응. 여기는 아빠가 점령했다. 아빠는 화장실에 앉아 신문을 보신다. 도대체 신문을 왜 화장실에 들어가서 보시는지 이해가 안 간다. 나는 더 이상 물러날 수 없다며 결의를 다졌다. 더 이상 아침부터 결는 괴로움을 참을 수가 없었다. 그래서 아빠에게 항의를 했다.

"아빠, 아무리 그래도 너무하시잖아요. 신문은 나와서 보셔야죠. 신문에서 냄새 나지 않아요?"

아빠는 조금 권위적이기 때문에 함부로 얘기하지는 못했지만, 이제 중학생도 되었으니 당당하게 말했다. 아빠가 뭐라고 하면 나는 이러쿵저러쿵 논리로 맞서겠다고 결의를 다지고 있었다. 그런데 내 예상과 완전히 다른, 내 의표를 찌르는 아빠의 한마디.

"야, 내가 모닝 똥의 기쁨을 알아?"

헉, 모닝 똥의 기쁨 아빠의 어처구니없는 말씀에 나는 완전히 무너져버렸다. 다 다른 비빔 꼬마로 힘들었지만 결국 아빠가 충분히 모닝 똥의 기쁨을 누리는 나오 실 때까지 기다릴 수밖에 없었다.

아, 아침마다 찾아오는 괴로움은 언제쯤 끝나려나!? 꿈에서처럼 국회의원님들이 나서서 법으로 화장실 이용 시간을 정하면 얼마나 좋을까!

024 국어 어휘력 만점공부법 시작은 (청하)다

025

3단계 한자음 그물망

마인드맵을 통해 한자음이 어떤 연결고리로 이어지는지 한눈에 알아보도록 했다. 쉬운 어휘를 넣어서 어려운 어휘의 뜻을 짐작하게 만들었다. 마인드 맵을 보면서 모르는 어휘의 뜻을 짐작해보기 바란다.

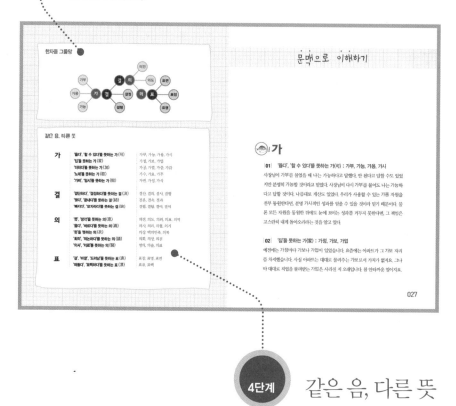

4단계 같은 음, 다른 뜻

같은 음이라도 다양한 뜻이 있다. 자주 사용되는 대표적인 '음'의 뜻을 설명하고, 관련 어휘를 정리했다. 모르는 단어가 나오면 자신이 아는 한자어 중에서 음이 같은 것을 떠올려보기 바란다. 또 여기 나온 어휘 외에도 같은 뜻으로 쓰인 음을 사용하는 어휘가 더 있는지 생각해보기 바란다. 예를 들면 '옳다, 할 수 있다'를 뜻하는 가(可)를 보면서 허가, 불가, 인가, 가변, 가공 등 가(可)가 쓰인 어휘를 최대한 많이 생각해보는 것이다.

5단계 문맥으로 이해하기

4단계에 나온 한자어를 활용하여 쓴 글을 실었다. 예문을 읽으면 충분히 어휘의 뜻을 이해할 수 있도록 문장을 구성했다. 무작정 읽지 말고, 어휘의 뜻을 생각하면서 읽기 바란다.

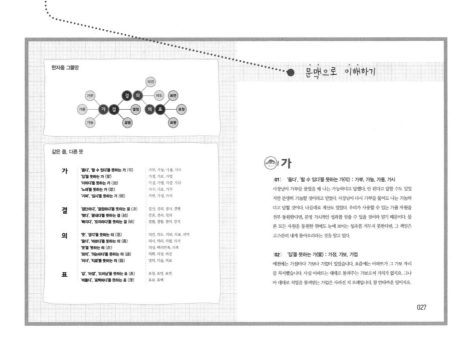

수필, 소설, 논술, 일기, 희곡 등 다양한 형식과 역사, 사회, 경제, 군사, 문화 등 다양한 분야의 예문을 제시했으므로 문맥 속에서 어휘의 뜻을 이해하고 파악하는 연습을 충분히 할 수 있으리라 믿는다.

소개한 어휘를 익히다보면 아주 쉬운 어휘도 눈에 많이 띌 것이다. 이는 일부러 쉬운 한자어와 어려운 한자어를 섞어 씀으로써 한자어의 뜻을 이해하는 원리를 자연스럽게 익히도록 하기 위함임을 밝힌다.

여기에 소개한 한자음은 우리말 한자음의 극히 일부다. 그럼에도 여기에 소개한 방식으로 어휘를 익히는 훈련을 충분히 하면 나중에는 어떤 한자어가 나와도 자연스럽게 뜻을 짐작하는 능력이 생기리라 믿는다.

차례

可決

決意

국어 어휘력 만점 공부법

시작은 한자 다

01
가결可決 : 결의決意 : 의표意表

"아침 화장실 이용 시간을 10분 이내로 제한하는 법이 가결되었음을 선포합니다."

국회의장이 드디어 화장실 이용 제한법이 가결되었음을 선포했다. 기다리고 기다리던 법이다. 아침마다 나에게 괴로움을 안겨주던 아빠와 누나는 이제 더 이상 화장실을 오랫동안 사용할 수 없다. 법으로 정해졌으니까! 나는 펄쩍펄쩍 뛰며 좋아했다. 그런데 아랫배가 살살 아팠다. 신호가 온다. 나는 뒤척이다가 눈을 떴다.

"이런, 그 좋은 것이 꿈이었다니."

나는 한숨을 쉬었다. 그러나 머뭇거릴 시간이 없다. 조금만 늦었다가는 화장실 앞에서 괴로운 시간을 보내야 한다. 나는 후다닥 달려갔다. 첫 번째 화장실, 똑똑~. 똑똑똑~! 누나다. 휴~. 누나는 화장실에 들어가면 최소 30분이다. 도대체 아침마다 30분씩 뭐하고 있는지 모르겠다. 그렇다고 더 예뻐지는 것도 아닐 텐데 말이다. 누나는 30분을 반드시 채우겠다고 결의한 사람처럼 절대로 그 전에는 나오지 않는다.

　나는 재빨리 다른 화장실로 향했다. 똑똑~! 똑똑똑! 윽, 여기는 아빠가 점령했다. 아빠는 화장실에 앉아 신문을 보신다. 도대체 신문을 왜 화장실에 들어가서 보시는지 이해가 안 간다. 나는 더 이상 물러날 수 없다며 결의를 다졌다. 더 이상 아침마다 겪는 이 괴로움을 참을 수가 없었다. 그래서 아빠에게 항의를 했다.

　"아빠, 아무리 그래도 너무하시잖아요. 신문은 나와서 보셔야죠. 신문에서 냄새 나지 않아요?"

　아빠는 조금 권위적이기 때문에 함부로 얘기하지는 못했지만, 이제 중학생도 되었으니 당당하게 말했다. 아빠가 뭐라고 하면 나는 이러저러한 논리로 맞서겠다고 결의를 다지고 있었다. 그런데 내 예상과 완전히 다른, 내 의표를 찌르는 아빠의 한마디.

　"야, 네가 모닝 똥의 기쁨을 알아?"

　헉, 모닝 똥의 기쁨! 아빠의 어처구니없는 말씀에 나는 완전히 무너져버렸다. 다리는 비비 꼬이고 힘들었지만 결국 아빠가 충분히 모닝 똥의 기쁨을 누리고 나오실 때까지 기다릴 수밖에 없었다.

　아, 아침마다 찾아오는 괴로움은 언제쯤 끝나려나? 꿈에서처럼 국회의원님들이 나서서 법으로 화장실 이용 시간을 정하면 얼마나 좋을까!

한자음 그물망

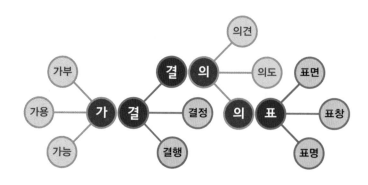

같은 음, 다른 뜻

가
'옳다', '할 수 있다'를 뜻하는 가 (可)	가부, 가능, 가용, 가시
'집'을 뜻하는 가 (家)	가정, 가보, 가업
'더하다'를 뜻하는 가 (加)	가공, 가열, 가중, 가감
'노래'를 뜻하는 가 (歌)	가수, 가요, 가무
'가짜', '임시'를 뜻하는 가 (假)	가면, 가성, 가식

결
'결단하다', '결정하다'를 뜻하는 결 (決)	결산, 결의, 결사, 결행
'맺다', '끝내다'를 뜻하는 결 (結)	결혼, 결속, 결과
'빠지다', '모자라다'를 뜻하는 결 (缺)	결핍, 결함, 결여, 결석

의
'뜻', '생각'을 뜻하는 의 (意)	의견, 의도, 의외, 의표, 의역
'옳다', '바르다'를 뜻하는 의 (義)	의사, 의리, 의협, 의거
'옷'을 '뜻하는 의 (衣)	의상, 백의민족, 의복
'회의', '의논하다'를 뜻하는 의 (議)	의회, 의장, 의결
'의사', '치료'를 뜻하는 의 (醫)	명의, 의술, 의료

표
'겉', '바깥', '드러남'을 뜻하는 표 (表)	표창, 표명, 표면
'떠돌다', '표백하다'를 뜻하는 표 (漂)	표류, 표백

가

|01| '옳다', '할 수 있다'를 뜻하는 가(可) : 가부, 가능, 가용, 가시

사장님이 **가부**를 물었을 때 나는 가능하다고 답했다. 안 된다고 답할 수도 있었
지만 분명히 **가능**할 것이라고 믿었다. 사장님이 다시 **가부**를 물어도 나는 **가능**하
다고 답할 것이다. 나름대로 계산도 있었다. 우리가 사용할 수 있는 **가용** 자원을
전부 동원한다면, 분명 **가시**적인 성과를 얻을 수 있을 것이라 믿기 때문이다. 물
론 모든 자원을 동원한 뒤에도 눈에 보이는 성과를 거두지 못한다면, 그 책임은
고스란히 내게 돌아오리라는 것을 알고 있다.

|02| '집'을 뜻하는 가(家) : 가정, 가보, 가업

예전에는 **가정**마다 **가보**나 **가업**이 있었습니다. 요즘에는 아파트가 그 **가보** 자리
를 차지했습니다. 사실 아파트는 대대로 물려주는 **가보**로서 가치가 없지요. 그나
마 대대로 직업을 물려받는 **가업**은 사라진 지 오래입니다. 참 안타까운 일이지요.

|03| '더하다'를 뜻하는 가(加) : 가공, 가열, 가중, 가감

쇠를 가공한 뒤에 열을 가하기보다 가열한 뒤에 가공하는 것이 더 좋습니다. 만약 압력이 가중되면 쇠가 원하는 모양과 다르게 변형될 수 있으므로 주의해야 합니다. 압력이 낮으면 쇠가 원하는 모양으로 만들어지지 않으므로 이 또한 주의해야 합니다. 따라서 쇠의 상태를 봐 가면서 압력을 적절하게 가감해야 합니다. 압력을 가감하는 능력이야 말로 진짜 기술입니다. 제 설명을 잘 알아들었으면 이제 실습을 해보겠습니다.

|04| '노래'를 뜻하는 가(歌) : 가수, 가요, 가무

지나가는 버스에서 내가 좋아하는 가수의 가요가 흘러나왔다 얼핏 보니 어른들이 버스 안에서 신나게 가무를 즐기고 있었다. 내가 알기로 저것은 불법인데, 아직도 저렇게 노는 어른들이 있다니 참 한심스럽다.

|05| '가짜', '임시'를 뜻하는 가(假) : 가면, 가성, 가식

연출가   그런 가면 같은 얼굴 말고, 진짜 감정이 드러난 얼굴을 하라는 말이야.

연기자   죄송합니다.

연출가   목소리는 또 그게 뭐야? 가성이 아니라 진성을 내라고. 목소리에 내가 맡은 인물의 감정을 담으라는 말이야! 아직도 모르겠어?

연기자   노력하겠습니다.

연출가   그런 가식적인 대답 따윈 필요 없어. 말이 아니라 행동으로 보여줘. 자, 다시 해봐.

결

|01| '결단하다', '결정하다'를 뜻하는 결(決) : 결산, 결의, 결사, 결행

지난달 수입과 지출에 관한 **결산**을 보고받은 오 사장은 **결의**에 찬 표정으로 입을 열었다.

"**결산**을 해보니 적자가 심각합니다. 직원 여러분, 이제부터 **결의**를 다져야 합니다. 죽음을 각오하고 회사를 살리겠다는 **결사**적인 자세가 없으면 우리는 모두 죽습니다. 아시겠습니까?"

"네."

줄을 맞춰 선 직원들은 모두 힘차게 대답했다.

"이제 마지막 기회입니다. 이번에 흑자를 내지 못하면 다음 달에는 어쩔 수 없이 실적이 떨어지는 직원을 해고할 수밖에 없음을 알려드립니다."

오 사장은 미루고 미루던 직원 해고를 **결행**하겠다고 선포했다. 직원들은 해고라는 말에 긴장한 채 아무런 말도 하지 못했다.

|02| '맺다', '끝내다'를 뜻하는 결(結) : 결혼, 결속, 결과

오늘은 '**결혼** 오디션! 아파트를 잡아라'의 최종 결선이 열리는 날입니다. 100만 쌍의 경쟁자를 물리치고 최종 결선에 오른 두 쌍의 연인들은 현재 서로 **결속**을 다지면서 결선을 준비하고 있습니다. 최종 **결과**는 바로 두 시간 후에 밝혀집니다. 승리한 팀은 바로 **결혼**식을 올리고, 신혼 아파트를 제공받게 됩니다. 100만 쌍의 젊은 남녀의 가슴을 뛰게 했던 '결혼 오디션! 아파트를 잡아라', 이제 최종 **결과**까지 두 시간 남았습니다. 지금까지 오디션 현장에서 NCTV의 김한별 기자였습니다.

|03| '빠지다', '모자라다'를 뜻하는 결(缺) : 결핍, 결함, 결여, 결석

저 아이는 사랑이 **결핍**된 가정에서 자랐습니다. 그래서 그런지 성격에 **결함**이 많고, 사람을 사귀는 능력이 **결여**되어 있습니다. **결석**을 자주하는 것은 당연하죠. 저 아이에게는 **결핍**된 사랑을 채워주는 것이 가장 필요합니다. 그러면 성격의 **결함**도 고치고, **결여**된 인간관계 능력도 향상될 것입니다. 당연히 **결석**도 안 하겠지요. 사랑만이 저 아이의 유일한 치료약입니다.

 의

|01| '뜻', '생각'을 뜻하는 의(意) : 의견, 의도, 의외, 의표, 의역

"나는 그 **의견**에 반대합니다."

"도대체 반대하는 **의도**가 뭡니까?"

"숨겨진 **의도**는 없습니다. 저는 단지 그 **의견**이 옳지 않다고 생각하기 때문에 반대하는 것입니다."

잠시 침묵이 흘렀다. 잠시 후 회장은 **의외**의 말을 했다. 분명 그것은 모두의 **의표**를 찌르는 말이었다.

"번역을 할 때는 직역보다 **의역**이 낫듯이, 서로 부딪치는 것보다는 다른 방법을 찾아보는 것이 좋을 듯합니다. 저도 반대합니다."

|02| '옳다', '바르다'를 뜻하는 의(義) : 의사, 의리, 의협, 의거

안중근 **의사**는 **의리**와 **의협**심이 뛰어났다. 이토 히로부미를 살해한 안중근 의사의 **의거**는 한민족에 대한 무한한 사랑에서 비롯된 의로운 행동이었다.

|03| '옷'을 뜻하는 의(衣) : 의상, 백의민족, 의복

한민족 축제를 한다면서 너희들 의상이 그 모양이니? 우리 민족은 대대로 백의민족이었어. 그런데 너희들 의복은 너무 울긋불긋하잖아. 도대체 알고 의상을 준비한 거니, 아니면 모르고 준비한 거니?

|04| '회의', '의논하다'를 뜻하는 의(議) : 의회, 의장, 의결

표결 결과를 기다리는 동안 의회 안은 쥐 죽은 듯이 조용했다. 결과가 나오자 국회 의장은 엄숙한 목소리로 투표 결과를 발표했다.

"안건 제5679호는…… 51%의 찬성으로 의결되었음을 선포합니다."

여기저기서 환호성이 터져 나왔다.

|05| '의사', '치료'를 뜻하는 의(醫) : 명의, 의술, 의료

명의는 의술로 사람을 치료하지 않고 마음으로 치료한다. 또 명의는 의료 행위로 돈을 벌려고 하지 않고 사람을 구하려고 한다. 오늘날 의사를 꿈꾸는 이들이 명의가 되기보다 돈 많은 의사가 되기를 꿈꾸는 것 같아 정말 안타깝다.

 표

|01| '겉', '바깥', '드러남'을 뜻하는 표(表) : 표창, 표명, 표면

그는 앞으로 협회가 주는 표창은 전부 거부하겠다는 의사를 표명했습니다. 그가 표면적으로 내세우는 이유는 심사가 공정하지 못했다는 것이지만, 실제로는 표창을 받는 것이 오히려 많은 사람들의 비난을 받는 상황에 처했기 때문인 것으로 보입니다. 이상 NCTV 김한별 기자였습니다.

|02| '떠돌다', '표백하다'를 뜻하는 표(漂) : 표류, 표백

오랫동안 바다를 **표류**하느라 지저분해진 그의 흰옷은 웬만큼 **표백**제를 써도 흰
색이 전혀 드러나지 않았다.

각별各別 : 별종別種 : 종자種子

아빠의 신문 사랑은 정말 각별하다. 화장실에서 시작한 신문 읽기는 아침밥을 먹을 때도 계속된다. 저 신문, 분명히 화장실 냄새에 찌든 것일 텐데. 어휴, 제발 밥 먹을 때라도 안 보시면 안 되나?

"음, 외국 기업이 우리나라 종자를 싹쓸이 해 간다는 구나. 큰일이네."

아빠는 신문을 보면서 이런저런 이야기를 많이 하신다. 모두 대꾸를 하지 않지만 아빠는 꿋꿋하다.

"음, 레알마드리드와 바르샤가 너무 독주를 하는군. 이번에도 해트트릭이야. 대단하네."

이번에는 축구 이야기다. 오직 이때만은 내가 아빠와 맞장구를 치며 이야기를 한다. 나는 아빠와 함께 스페인과 영국 프로축구 이야기를 한참 나눴다. 이럴 때는 정말 잘 통한다.

"어휴, 남자들은 도대체 외국 축구에 웬 관심이 그리 많은지 몰라."

엄마가 투덜거렸다.

"맞아, 엄마. 우리나라 사람이 나오지도 않는 축구 경기를 뭐 하러 그리 열심히 보는지 모르겠어."

누나가 맞장구를 쳤다. 이것은 남자들과 대결하겠다는 여자들의 선언이다. 나는 아빠와 한편이 되어 대결 자세를 취했다. 그런데 또다시 아빠가 의표를 찌르는 말을 했다.

"여자들도 우리나라 사람이 안 나오는 외국 영화 보잖아. 외국 영화나 외국 축구나 똑같은 거야."

엄마 앞에서는 웃기는 이야기를 하지 않는 것이 좋다. 정말 각별히 조심해야 한다. 왜냐하면~.

"풋, 하하하."

이런, 이럴 줄 알았다. 아빠 이야기를 듣고 잠시 멍하니 있던 엄마는 아빠의 대답이 너무 기발하다는 생각에 웃음보가 터졌다. 문제는 입에 음식이 가득 담겨 있었다는 것이다. 엄마는 웃음보가 터지면 어떤 상황에서든 대책 없이 웃는다. 입에 뭐가 들어 있든, 손에 뭐가 들려 있든 상관하지 않고 크게 웃기 때문에 별의별 사고가 다 난다.

오죽하면 재미있는 텔레비전 프로그램을 볼 때는 주변을 다 치우고, 엄마와 약간 떨어진 자리에서 보려고까지 할까? 아무튼 엄마는 웃음에 관한 한 정말 별종이다. 진짜 특이하다. 그래서 각별히 조심해야 하는데…….

휴, 더 이상은 말하지 않겠다. 식탁이 난장판이 됐으니까…….

한자음 그물망

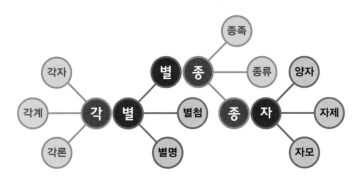

같은 음, 다른 뜻

각
'낱낱', '따로따로'를 뜻하는 각 (各)	각론, 각자, 각별, 각계
'뿔'을 뜻하는 각 (角)	각도, 두각, 각축
'깨달음'을 뜻하는 각 (覺)	각성, 감각, 미각
'새기다'를 뜻하는 각 (刻)	조각, 각인

별
| '나누다', '구별하다'를 뜻하는 별 (別) | 별종, 별반, 별첨, 별명 |

종
'씨', '종류'를 뜻하는 종 (種)	종류, 종자, 종족
'종교', '친척'을 나타내는 종 (宗)	종친, 종단, 종묘
'끝'을 나타내는 종 (終)	종신, 종식, 종결
'좇는' 것을 뜻하는 종 (從)	종군, 종속, 추종

자
'아들'을 뜻하는 자 (子)	자제, 자모, 양자
'스스로'를 뜻하는 자 (自)	자각, 자초, 자인, 자족
'돈', '재물'을 뜻하는 자 (資)	자본, 자금, 자산
'글자'를 뜻하는 자 (字)	자판, 문자, 자막
'사랑'을 뜻하는 자 (慈)	자선, 자비, 자애

문맥으로 이해하기

 각

|01| '낱낱', '따로따로'를 뜻하는 각(各) : 각론, 각자, 각별, 각계

"이제는 총론이 아니라 각론이 중요합니다."

"동의합니다. 전체적인 그림을 그리는 것보다는 세부적인 각론을 만들어 가야죠."

"각자가 대표 선수라고 생각하고, 각별히 신경을 써주시기 바랍니다."

"알겠습니다. 이번에야 말로 각계 전문가들을 우리 편으로 끌어들여야 합니다."

"각계의 의견을 충분히 듣는 것도 중요합니다."

"맞습니다. 우리 힘냅시다. 열심히 노력하면 성과를 거둘 수 있으리라 믿습니다."

|02| '뿔'을 뜻하는 각(角) : 각도, 두각, 각축

1번 말은 각도가 완만한 경사로에서 두각을 나타내기 시작했다. 결국 3번 말과 1번 말이 우승을 놓고 각축을 벌이는 상황이 벌어졌다. 1번 말이냐? 3번 말이냐?

모두들 손에 땀을 쥔 채 결과를 주시했다.

|03| '깨달음'을 뜻하는 각(覺) : 각성, 감각, 미각

각성하십시오. 깨어나십시오. 그렇게 사람을 대하는 감각이 무뎌서 어찌 올바른 요리사가 될 수 있겠습니까? 고객의 미각만 생각하지 말고, 고객의 마음도 생각하세요. 지금이라도 크게 반성하고 각성하세요. 아시겠습니까?

|04| '새기다'를 뜻하는 각(刻) : 조각, 각인

그 조각상은 정말 강렬한 인상을 남겼다. 조각상은 내 머릿속에 각인되었다. 나는 이와 같이 깊은 인상을 주는 조각품을 만들겠다는 각오를 다졌다. 힘들겠지만 결코 포기하지 않을 것이다.

별

|01| '나누다', '구별하다'를 뜻하는 별(別) : 별종, 별반, 별첨, 별명

솔직히 별종이라고 해봐야 다른 애들과 별반 다를 것이 없습니다. 다만 뒤에 별첨한 별명들을 살펴보시고, 특이하게 보이는 애들을 구별해주시기 바랍니다.

종

|01| '씨', '종류'를 뜻하는 종(種) : 종류, 종자, 종족

"아범아, 요것들은 세 종류로 나눠야 혀. 좋은 종자는 내년 씨앗으로 남기고, 중간 것은 팔고, 가장 안 좋은 것을 먹는 겨."

어머니의 말씀은 농부의 철학이었다. 하나의 종족이 계속 건강하게 살아남으려면 가장 뛰어난 종자를 남겨야 한다. 남에게 돈을 받았으면 좋은 것을 주고, 나는 가장 나쁜 것을 먹어야 한다. 어머니의 말씀에는 생명과 도덕에 관한 훌륭한 철학이 담겨 있다.

|02| '종교', '친척'을 나타내는 종(宗) : 종친, 종단, 종묘

왕은 많은 종친들을 초대하여 대궐에서 잔치를 열었다. 이 자리에는 불교 종단의 대표도 참석했다. 몇몇 종친들은 불교 종단 대표인 지엄스님을 보고 인상을 찌푸렸다. 성리학을 따르는 조신에서 스님이라니……. 잠시 후 왕은 종친들과 함께 역대 임금과 왕비의 위패를 모셔놓은 종묘에서 제사를 지냈다. 놀랍게도 그 자리에 지엄스님도 함께 했다.

|03| '끝'을 나타내는 종(終) : 종신, 종식, 종결

어제 국내 최대 제조업체 중의 하나인 ㈜오성기업의 최태봉 회장은 모든 직원들의 종신 고용을 보장한다고 선언했습니다. 최 회장은 고용 불안을 종식시키는 가장 좋은 방법은 평생 고용을 보장하는 것뿐임을 강조했습니다. 이 소식을 들은 재계는 크게 우려했지만, 대다수 국민들은 고용 불안을 종식시킨 선언이라며 크게 환영하고 있습니다. 인터넷에는 '최 회장은 고용 종결자'라며 오성기업 제품을 많이 사겠다는 반응이 폭발적으로 번지고 있습니다.

|04| '좇는' 것을 뜻하는 종(從) : 종군, 종속, 추종

종군 기자로 활동하던 나는 우연한 기회에 반군을 접할 기회가 있었다. 반군들의 생각은 완전히 반군 지도자인 오마르에게 종속되어 있었다. 수많은 사람들이 오마르의 사상을 **추종**하며 목숨을 바쳤다. 기자의 눈에 그들은 언제라도 불에 뛰어들 준비가 된 불나방처럼 보였다. 생각이 **종속**된 채 지도자를 무조건 **추종**하는 집단은 무슨 짓이든 할 것 같은 광기에 휩싸여 있었다.

 자

|01| '아들'을 뜻하는 자(子) : 자제, 자모, 양자

"**자제** 분이 참 굳세게 자랐습니다."

오현경의 칭찬에 김 선생은 흐뭇한 미소를 지었다. 그때 김 선생의 처가 과일을 들고 왔다. 오현경은 살짝 일어나며 인사를 했다. 오현경은 김 선생의 처와 아들을 번갈아 보더니 덕담을 던졌다.

"허허, **자모**가 어찌 그리 닮으셨는지, 누가 봐도 알아보겠습니다. 하하하."

김 선생은 아무런 말도 하지 않고 그저 웃기만 했다. 아들이 **양자**라는 사실을 굳이 밝히고 싶지는 않았다.

|02| '스스로'를 뜻하는 자(自) : 자각, 자초, 자인, 자족

자각하십시오. 모든 불행은 스스로 **자초**한 것임을 **자인**하십시오. 불행이 자기 때문임을 **자각**할 때 스스로 만족하는 삶이 찾아옵니다. 불행은 외부만 탓하며 **자족**하지 못하는 태도에서 비롯된다는 것을 인정해야 합니다. 불행에 대한 **자각**이 삶을 행복으로 이끕니다.

|03| '돈', '재물'을 뜻하는 자(資) : 자본, 자금, 자산

최태봉은 젊은 시절 회사를 운영할 만한 **자본**이 전혀 없었다. 은행에서 사업 **자**

금을 빌릴 수도 없었다. 최태봉은 주위 사람에게 푼돈을 빌려 장사를 시작했다. 30년이 지난 지금, 빈털터리 청년 최태봉은 **자산**이 10조원이나 되는 대기업의 회장이 되었다.

|04| '글자'를 뜻하는 자(字) : 자판, 문자, 자막

컴퓨터 **자판**으로 **문자**를 입력하자 곧바로 모니터에 **자막**이 나타났다.

|05| '사랑'을 뜻하는 자(慈) : 자선, 자비, 자애

연말이면 등장하는 **자선** 냄비처럼 많은 사람들은 연말이 되어서야 불행한 이웃을 생각합니다. 형세자매 여러분, **자비**는 연말에만 베풀 수 있는 것이 아닙니다. **자애**로운 마음을 나누는 것은 언제라도 가능합니다. 지금 마음의 **자선** 냄비를 거십시오. **자애**로운 마음으로 많은 사람들에게 **자비**를 베푸는 것은 결심만 하면 지금 당장 가능합니다.

03

간악奸惡 : 악평惡評 : 평판評判

이야기 속
어휘

누나는 남자들에게 인기가 아주 많다. 나는 아무리 생각해도 누나를 좋아하는 남자들을 이해할 수가 없다. 누나의 정체를 알고 나면 아무도 좋아하지 않을 것이다. 누나는 정말 간악하다. 누나의 남자 친구 중에는 내친구의 형도 있다. 나는 종종 그 형에게 누나의 간악한 점에 대해 매우 구체적으로 이야기해주지만 절대 믿지 않는다. 도리어 내가 누나에 대해 악평을 한다면서 구박한다. 하지만 내 말은 진짜다. 나는 사실대로 말할 뿐이다. 오늘 아침 일만 해도 그렇다.

화장실 앞의 간절한 기다림, 식탁에서 엄마의 황당한 분출 사건 때문에 기분이 엉망이었다. 나는 겨우 기분을 진정시키고 학교에 갈 준비를 하고 있었다. 오늘은 중학교에 입학한 후 첫 번째 수행평가가 있는 날이다. 이런저런 준비물을 챙기느라 신경을 잔뜩 쓰고 있었다. 누나는 노크도 하지 않고 내 방문을 불쑥 열었다. 뭐 이런 일이야 흔하기 때문에 나는 전혀 신경 쓰지 않았다.

"야, 나 이거 줘."

누나가 갑자기 내 책상 위에 놓여 있는 가위와 자를 집어 들었다. 오늘 수행평가를 할 때 꼭 필요해서 어제 내 용돈으로 산 것이다.

"안 돼, 오늘 수행평가할 때 꼭 필요하단 말이야."

"짜식이, 누나가 달라면 주는 거야. 너는 빌려서 써."

그러더니 내 허락도 받지 않고 가져가 버렸다. 나는 눈을 뜬 채로 가위와 자를 빼앗기고 말았다. 오, 이런! 잠시 어리둥절하던 나는 문을 박차고 나가 누나를 찾았다. 벌써 없어져 버렸다. 누나는 이미 대문을 나선 후였다.

이런 일이 한 두 번이 아니다. 누나는 나한테 못된 짓을 너무 많이 한다. 희한하게도 이렇게 못되고, 막 되먹은 누나지만 밖에서는 전혀 그렇지 않다는 것이다. 어찌나 착하고, 순한 척하는지 정말 꼴불견이다. 내가 누나를 간악하다고 하는 이유는 바로 이 때문이다.

누나는 주변 사람들에게 예쁘고 착하다는 **평판**이 나 있다. 그에 반해 나는 그런 착한 누나에게 못되게 구는 간악한 놈이라고 **악평**을 하는 사람들이 더 많다. 아, 정말 이럴 때는 몰래카메라로 누나의 못된 모습을 찍어서 세상에 널리 알리고 싶다. 그래서 나는 세상의 **평판**을 믿지 않는다. 아무리 좋은 사람이라고 소문이 나도 진짜 어떤 사람일지는 알 수 없는 노릇이니까……

아무튼 오늘도 행복하지 못한 하루가 시작되고 말았다. 순전히 아빠, 엄마, 그리고 누나 때문에…….

한자음 그물망

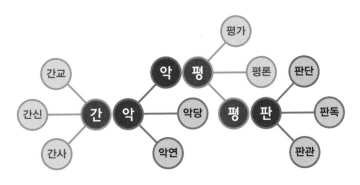

같은 음, 다른 뜻

간

'나쁜' 뜻으로 사용하는 간 (奸)	간신, 간사, 간교, 간악
'사이', '틈'을 뜻하는 간 (間)	간헐, 간발, 간혹, 간격
'간단하다'를 뜻하는 간 (簡)	간이, 간결, 간소
'정성스럽다'를 뜻하는 간 (懇)	간청, 간곡, 간절, 간구
'보다'는 뜻의 간 (看)	간판, 간주, 간수, 간병

악

'악하다', '추하다'를 뜻하는 악 (惡)	악당, 악취, 악연, 악평
'풍류', '음악'을 뜻하는 악 (樂)	악곡, 악보, 악장
'쥐다'를 뜻하는 악 (握)	파악, 악수, 악력, 장악
'크다'를 뜻하는 악 (岳)	산악, 관악산, 월악산, 치악산

평

'평가하다'를 를 뜻하는 평 (評)	평론, 평판, 평전
'평평하다', '보통'을 뜻하는 평 (平)	평균, 평민, 평안

판

'판가름하다'를 뜻하는 판 (判)	판관, 판단, 판독, 판명
'널빤지'를 뜻하는 판 (版, 板)	판재, 판자, 판화
'팔다'를 뜻하는 판 (販)	판로, 판매, 판촉

문맥으로 이해하기

 간

|01| '나쁜' 뜻으로 사용하는 간(奸) : 간신, 간사, 간교, 간악

옛날부터 나라를 망친 것은 간신들이었다. 왕을 간사한 말로 속이고, 간교한 술책으로 충신들을 죽음으로 내몰았다. 간악한 간신들로 인해 수많은 충신이 죽고, 백성이 피해를 입었으며, 결국 나라가 망하고 말았다.

|02| '사이', '틈'을 뜻하는 간(間) : 간헐, 간발, 간혹, 간격

기회는 어쩌다 한 번 간헐적으로 찾아왔다. 그때마다 현수는 간발의 차이로 기회를 놓쳤다. 간혹 기회를 잡을 때도 있었지만, 선두권과 간격을 좁히기에는 현수의 실력이 모자랐다. 현수는 운도, 실력도 모두 부족했다.

|03| '간단하다'를 뜻하는 간(簡) : 간이, 간결, 간소

"여기가 그 간이역인가요?"

열차가 잠시 정차하자 창문 밖을 내다보며 혁제가 말했다.

"네."

"예전에는 꽤 큰 역이었던 것 같은데."

"네."

희연은 계속 간결하게 대답했다. 희연은 길게 대답하고 싶은 마음이 없었다. 간소한 차림으로 가볍게 따라 나섰던 것인데, 여기까지 올 줄은 전혀 몰랐기 때문이다. 희연은 속으로 계속 갈등하고 있었다.

|04| '정성스럽다'를 뜻하는 간(懇) : 간청, 간곡, 간절, 간구

"이렇게 간청합니다. 정말 간곡히 부탁드립니다. 이번 한 번만, 이번 한 번만 기회를 주십시오."

경철의 어머니는 연신 머리를 조아리며 부탁을 했다. 어머니의 눈빛은 너무나 간절했다. 어머니가 진심으로 간구하는 마음이 전해졌는지 김 사장의 표정이 조금씩 바뀌기 시작했다.

|05| '보다'는 뜻의 간(看) : 간판, 간주, 간수, 간병

간판을 보자마자 그는 별 생각 없이 여기가 자신이 찾던 곳이라고 간주했다. 그는 거침없이 문을 열고 들어갔다. 가게는 비어 있었다. 가게 안쪽에 문이 보였다. 그는 머뭇거리지 않고 안쪽 문을 열었다. 그는 죄수를 감시하는 간수의 눈으로 방안을 훑었다. 그러나 그가 찾는 자는 방안에 없었다. 방안에는 웬 노인이 누워 있었고, 노인을 간병하는 젊은 여인이 있었다. 간병인과 눈이 마주치자 그는 당황해서 어쩔 줄 몰라 했다. 뒤늦게 후회했지만 이미 소용없었다.

악

|01| '악하다', '추하다'를 뜻하는 악(惡) : 악당, 악취, 악연, 악평

이 악당들아! 너희들이 풍기는 악취에 구역질이 난다. 너희들과의 악연도 이제 끝이다. 오늘 이 자리에서 네 놈들의 악평을 끝내주마. 자! 덤벼라!

|02| '풍류', '음악'을 뜻하는 악(樂) : 악곡, 악보, 악장

선생님은 고전파 악곡과 낭만파 악곡을 비교하여 자세히 설명해주셨다. 악보를 하나씩 가리키며 친절하게 설명해주셨기 때문에 쉽게 이해할 수 있었다. 선생님은 소나타 3악장을 실명하시다기 갑자기 악보를 덮더니 벌떡 일어나셨다.

|03| '쥐다'를 뜻하는 악(握) : 파악, 악수, 악력, 장악

분위기 파악이 아직 안 됐는지 둘은 조금 어색해했다. 잠시 뒤 둘은 악수를 했다. 그때 필동이 손에 힘을 주었다. 길상도 힘을 주었다. 겉으로는 편안하게 악수를 하는 것처럼 보였지만 둘은 악력 대결을 펼치고 있었다. 기세 싸움이었다. 악력은 막상막하였다. 잠시 후 둘은 약속이나 한 듯 악력 대결을 멈췄다. 길상은 주위를 둘러보더니 나지막하지만, 단호하게 말했다.

"여러분, 주목하십시오."

길상의 목소리에는 분위기를 장악하는 묘한 힘이 있었다.

|04| '크다'를 뜻하는 악(嶽) : 산악, 관악산, 월악산, 치악산

우리나라는 산악지대가 국토의 70%를 차지한다. 산 이름 중에는 관악산, 월악산, 치악산처럼 '악'이 들어간 곳이 많은데, '악'이 들어간 산은 대체로 오르기 힘들며, 험하고 거친 것이 특징이다.

국어 어휘력 만점공부법, 시작은 〈한자〉다

평

|01| '평가하다'를 뜻하는 평(評) : 평론, 평판, 평전

김일숙은 유명한 음악 평론가다. 김일숙의 평론은 정확하고 날카롭다는 평판이
나 있다. 김일숙은 음악 평론뿐만 아니라 많은 음악가들의 평전을 쓴 것으로도
유명하다. 김일숙이 쓴 평전을 읽어보면 마치 죽은 음악가들이 다시 살아난 듯한
느낌이 든다.

|02| '평평하다', '보통'을 뜻하는 평(平) : 평균, 평민, 평안

너무 잘하지도, 너무 못하지도 않은 평균이 가장 좋아. 노예는 자유가 없어서 싫
고, 귀족은 언제 위험이 닥칠지 몰라서 싫어. 평민의 삶이 가장 평안하고 행복해.
그래서 나는 평안한 중간을 좋아해.

 판

|01| '판가름하다'를 뜻하는 판(判) : 판관, 판단, 판독, 판명

옛날 판관들은 과학적인 지식이 부족했기 때문에 정확한 판단을 하기가 어려웠
다. 솔로몬, 포청천과 같은 위대한 재판관들은 과학보다는 지혜를 통해 현명한 판
결을 내렸다. 그러나 오늘날에는 DNA 판독과 같이 뛰어난 과학 기술을 이용해
재판을 하기 때문에 올바른 판단을 내리기가 훨씬 쉽다. 만약 오늘날의 과학 지
식이 예전부터 있었다면 해결되지 못한 수많은 사건들이 명확하게 판명되었을
것이다.

|02| '널빤지'를 뜻하는 판(版, 板) : 판재, 판자, 판화

그는 오동나무 판재를 엄청나게 많이 싣고 왔다. 오동나무는 일반 나무 판자와 는 확실히 달랐다.

"여기에 판화를 그리라는 말이야?"

"오동나무는 곰팡이가 생기지 않고 오래 가. 그래서 예전부터 장롱을 만드는 판 재로 많이 사용해 왔지."

|03| '팔다'를 뜻하는 판(販) : 판로, 판매, 판촉

판로가 다양하지 못할 경우 경제 상황이 안 좋아지면 판매가 급격하게 줄어들 위 험이 높다. 따라서 미리미리 다양한 판로를 개척해두어야 한다. 다양한 판로를 확 보하기 위해서는 판촉 작업을 많이 해야 한다. 판매가 잘될 때 판촉 작업을 활발 하게 해야만 위기 상황을 잘 극복할 수 있다.

04

경선競選 : 선호選好 : 호전好戰

이야기 속
어휘

나는 솔직히 학교가 싫은 것은 아니다. 그러나 아침 일찍 가는 것은 정말 싫다. 졸린 눈을 비비면서, 멍한 상태로 아침 일찍 학교로 가는 기분은 정말 엉망이다.

"왜 그렇게 풀이 죽어서 걷고 있냐?"

내가 고개를 푹 숙이고 걷고 있는데, 현호가 어깨를 툭 치면서 말을 걸었다.

"당연히 학교 가는 것이 싫어서잖아."

"내참! …… 야, 너 나랑 저기 신호등까지 누가 먼저 가나 시합할래?"

현호는 경쟁을 하는 것을 좋아한다. 잘 이기지도 못하면서 늘 내기를 한다. 그 덕분에 얻어먹는 경우가 자주 있다. 얼마 전에는 중학교 1학년 반장 선거를 했는데 경선이었다. 현호는 자기가 반장 경선에서 이길 자신이 있다며 나에게 피자 내기를 하자고 했다. 중학교 1학년 1학기 선거는 외모를 보고 하는 인기 투표이기 때문에 현호가 당선될 가능성은 거의 없었다. 그런데도 당당히 내기를 하자고 했고, 나는 맛있게 피자를 얻어먹었다.

"싫어, 뛸 기분이 아니야."

"쳇, 빼기는……. 야, 이 가방 어때? 멋지지?"

현호가 가방을 내밀면서 말했다. 또 새 가방이다. 그 전에 사용하던 가방도 한 달이 안 된 것 같은데…….

"이 가방은 진짜 명품이야. 전의 것보다 유명 브랜드라고."

현호는 명품 가방을 선호한다. 그래서 조금만 유명한 브랜드가 있으면 앞뒤 가리지 않고 엄마를 졸라서 구입한다. 현호가 선호하는 브랜드도 자주 바뀐다. 좋은 가방을 들고 다닌다고 해서 그 안에 담긴 교과서나 참고서가 달라지는 것도 아닌데, 가방에 큰돈을 쓴다는 것이 나로서는 이해가 가지 않는다.

"여자들이 명품 가방 찾는 것은 알지만, 남자 녀석이 왜 그러냐?"

평소에는 그냥 넘어갔을 텐데 기분도 울적해서 괜히 쏘아 붙였다.

"내참. 자기가 사준것도 아니면서……."

현호는 기분이 나쁜 듯 내 옆구리를 툭 쳤다. 나는 반사적으로 가방을 가볍게 툭 쳤다. 나는 가방을 쳤는데 현호는 내 옆구리를 다시 쳤다. 장난이라고 하기에는 제법 아팠다. 현호는 자신이 생각해도 좀 강하게 쳤다 싶었는지 몇 걸음 피했다.

나는 싸움을 싫어한다. 그래서 웬만하면 다 참는다. 그러나 그 순간만큼은 화가 났다. 나는 재빨리 쫓아가서 정말 강하게 쳤다. 그때 교문이 저 멀리 보였다. 제법 세게 맞았는데도 현호는 실실 웃으면서 교문으로 뛰어가 버렸다. 현호는 정말 알다 가도 모를 녀석이다.

한자음 그물망

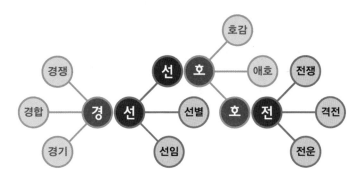

같은 음, 다른 뜻

경

'겨루다'를 뜻하는 경 (競)	경선, 경쟁, 경합, 경기
'글', '지나다'를 뜻하는 경 (經)	경영, 경과, 경전
'축하하다', '좋은 일'을 뜻하는 경 (慶)	경사, 경축
'경계하다'를 뜻하는 경 (警)	경보, 경각, 경비, 경찰
'존경'을 뜻하는 경 (敬)	공경, 경로, 경청

선

'가리다', '가려뽑다'를 뜻하는 선 (選)	선별, 경선, 선출
'착하다'를 뜻하는 선 (善)	선용, 선행, 선린
'먼저'를 뜻하는 선 (先)	선결, 선각자, 선생, 선점
'배'를 뜻하는 선 (船)	선장, 선단, 선박
'베풀다', '알리다'를 뜻하는 선 (宣)	선언, 선포, 선고, 선서

호

| '좋다'를 뜻하는 호 (好) | 애호, 호감 |
| '보호하다'를 뜻하는 호 (護) | 보호, 호신, 호국, 호송 |

전

'싸움'을 뜻하는 전 (戰)	개전, 격전, 전황, 전략
'앞'을 뜻하는 전 (前)	전면, 전례, 목전, 전조
'완전함', '전체'를 뜻하는 전 (全)	전역, 전교, 만전, 온전
'전하다'를 뜻하는 전 (傳)	전통, 와전, 전령
'오로지'를 뜻하는 전 (專)	전횡, 전념, 전공

경

|01| '겨루다'를 뜻하는 경(競) : 경선, 경쟁, 경합, 경기

이번 우리 지역 ○○당 국회의원 후보 선출을 위한 경선은 경쟁이 정말 치열했다. 15대1의 경합을 뚫고 최종 결선에 두 후보가 올랐다. 최종 결선을 앞둔 두 사람의 얼굴은 마치 격투기 경기를 앞둔 선수처럼 보였다.

|02| '글', '지나다'를 뜻하는 경(經) : 경영, 경과, 경전

김 사장이 경영을 맡은 지 겨우 한 달이 경과했을 뿐인데도, 그 전에 위대한 경전처럼 떠받들던 경영 방침들은 폐기되고, 새로운 경영 원칙들이 자리를 잡았다.

|03| '축하하다', '좋은 일'을 뜻하는 경(慶) : 경사, 경축

이런 경사스러운 일이 계속 생기다니, 정말 경축할 만합니다. 우리 한 바탕 축제라도 벌여야 하지 않을까요?

|04| '경계하다'를 뜻하는 경(警) : 경보, 경각, 경비, 경찰

에에에엥~! 갑작스럽게 위급 상황을 알리는 경보가 울렸다. 경각을 늦추지 않고 있던 경비들은 준비한 대로 재빨리 움직였다. 도움을 주기 위해 파견된 경찰들이 오히려 긴장한 듯 보였다.

|05| '존경'을 뜻하는 경(敬) : 공경, 경로, 경청

요즘은 노인을 공경하는 경로 정신이 너무 없어요. 도대체 노인들이 말씀을 하시면 경청할 줄을 몰라요. 노인의 말을 경청하는 것은 노인을 공경하는 첫 출발입니다. 노인을 공경하지 않은 세상은 썩은 세상입니다.

 # 선

|01| '가리다', '가려뽑다'를 뜻하는 선(選) : 선별, 경선, 선출

먼저 후임들이 괜찮아 보이는 사진을 선별했다. 잠시 후 선임들이 와서 후임들이 뽑은 사진 중에서 셋을 선별하여 앞에 붙였다. 우리는 후임, 선임할 것 없이 모두 투표를 했다. 경선을 통해 최종 선출된 걸그룹은 ……이었다.

|02| '착하다'를 뜻하는 선(善) : 선용, 선행, 선린

그는 여가를 선용하여 외국인 노동자 쉼터에 봉사 활동을 다녔다. 그의 선행이 알려지면서 나와 몇몇 친구들도 그를 따라 외국인 노동자 쉼터로 봉사 활동을 나갔다. 거기서 만난 외국인 노동자들은 우리를 너무 고마워했다. 한 외국인 노동자는 자기 나라로 돌아가면서 우리들로 인해 한국을 따뜻하게 기억하게 되었다면서 감사의 인사를 전하기도 했다. 생각해보니 우리의 봉사 활동은 그 어떤 외교관보다 다른 나라와 선린 관계를 맺는 데 도움을 준 것 같았다. 나라와 나라의 선린 관계는 대통령이나 외교관들이 나누는 겉치레로 인해 이루어지는 것이 아니라, 평범한 사람들의 작은 친절과 봉사에서 비롯된다는 것이 나의 생각이다.

|03| '먼저'를 뜻하는 선(先) : 선결, 선각자, 선생, 선점

만주에 자리 잡은 독립군이 선결해야 할 문제는 군자금이었다. 군자금이 확보되어야만 무기와 식량을 마련해 일본군과 싸울 수 있기 때문이다. 우리나라 독립운동의 선각자 중 한 분이신 김철 선생은 군자금 확보를 위해 위험을 무릅쓰고 수십 번씩 국내에 들어와 성공적으로 군자금을 모금했다. 1920년, 커져 가는 만주의 독립군이 위험하다고 생각한 일제는 대규모 병력을 파견했다. 김철 선생은 이 정보를 미리 독립군에게 알렸고, 독립군은 전투에 유리한 지역을 선점하여 일제의 공격을 효과적으로 물리칠 수 있었다.

|04| '배'를 뜻하는 선(船) : 선장, 선단, 선박

마젤란 선장이 이끄는 선단은 세 척의 선박으로 구성되었다.

|05| '베풀다', '알리다'를 뜻하는 선(宣) : 선고, 선포, 선언, 선서

헌법재판소는 이번에 개정된 공무원법이 헌법에 위배된다고 선고했다. 따라서 이미 선포되어 여러 달 동안 시행한 조치도 모두 무효라고 선고했다. 개정된 공무원법에 대해 불복종을 선언했던 공무원들은 헌법재판소의 이번 선고를 환영하는 성명을 발표했다. 반면에 법률에 따라 정부가 시키는 대로 충성 선서를 했던 많은 공무원들은 허탈한 표정을 감추지 못했다.

호

|01| '좋다'를 뜻하는 호(好) : 애호, 호감

기정 씨가 우리 차 애호가라고? 그렇게 우리 차를 좋아한단 말이야? 음, 그 말을
듣고 보니 왠지 기정 씨에게 호감이 가는 걸……

|02| '보호하다'를 뜻하는 호(護) : 보호, 호신, 호국, 호송

그녀는 어릴 때부터 자신을 스스로 보호하기 위해 호신술을 익혔다. 그러다 보니
운동을 좋아하게 되었고, 결국 경찰이 되었다. 그녀는 경찰이 되자 호국 정신을
다지며, 나라와 국민을 위해 큰일을 하겠다고 결심했다. 경찰이 된 지 3년째, 지금
그녀는 범죄자들을 경찰서에서 교도소로 호송하는 일만 하고 있다. 그녀는 범죄
자를 호송하는 일에 아무런 보람을 느끼지 못하며, 진정 호국하는 경찰이 무엇인
지 날마다 고민하고 있다.

 # 전

|01| '싸움'을 뜻하는 전(戰) : 개전, 격전, 전황, 전략

개전 직후부터 치열한 격전이 벌어졌다. 우세한 적들의 무기로 인해 몇 번의 격전
에서 밀리면서 전황은 날이 갈수록 불리해졌다. 불리한 전황을 극복할 새로운 전
략이 필요했다. 바로 그때 적들의 대규모 공격이 있을 것이라는 첩보가 들어왔다.

|02| '앞'을 뜻하는 전(前) : 전면, 전례, 목전, 전조

길성 (단호한 목소리로) 이번 기회에 윤당 선생이 전면에 나서야 합니다.

윤당   안 됩니다. 저 같은 사람이 **전면**에 나서는 것은 **전례**가 없어요.

길성   **전례**가 없다는 말로 언제까지 피할 생각이십니까? 언제까지 옛날 원칙만 고집할 것입니까?

윤당   전통은 우리의 생명입니다.

길성   (책상을 치며 일어선다) 윤당 선생님! 지금 위험이 목전에 닥쳤습니다. 지금 **전면**에 나서지 않으면 더 이상 기회가 없습니다.

허윤   저도 그 의견에 동의합니다. 사실 오래 전부터 위험이 닥칠 것이라는 **전조**가 있었습니다. 지금은 오히려 늦은 듯합니다. 윤당 선생이 **전면**에 나서는 것만이 유일한 해결책입니다.

|03| '완전함', '전체'를 뜻하는 전(全) : 전역, 전교, 만전, 온전

우리 시 **전역**에서 **전교** 1등이 다 모여서 대결을 펼치는 대회가 1주일 앞으로 다가왔다. 나는 선생님들의 도움을 받으며 대회 준비에 **만전**을 기했다. 정말 열심히 준비했다. 그런데 너무 스트레스를 받아서인지 위장이 쓰라렸다. 1주일이나 남았는데, 그동안 **온전**하게 내 위장이 버텨줄지 걱정스러웠다.

|04| '전하다'를 뜻하는 전(傳) : 전통, 와전, 전령

전하! 신 병조판서 김홍집 아뢰오. 여진족을 토벌하고 있는 윤흥서 장군이 **전통**을 무시한다는 말은 **와전**된 듯합니다. 제가 **전령**을 시켜 직접 알아본 바에 따르면 윤흥서 장군은 전투가 없을 때는 늘 논어, 맹자같은 고전을 읽으며, **전통**의 의미를 되새긴다고 하옵니다. 이로 볼 때 윤흥서 장군이 **전통**을 무시한다는 말은 **와전**된 것이 분명합니다.

|05| '오로지'를 뜻하는 전(專) : 전횡, 전념, 전공

자기 권한을 함부로 사용하며 **전횡**을 일삼던 전임 소장과 달리, 신임 소장은 자기 권한을 절제하면서 직원들이 스스로 맡은 바 일에 **전념**할 수 있도록 격려하였다. 대학에서 심리학을 **전공**해서인지 신임 소장은 사람을 격려하는 솜씨가 탁월했다.

05
개체 個體 : 체득 體得 : 득세 得勢

이야기 속
어휘

개미는 개체로 존재하지만 살아가는 그들의 모습은 개체가 아니라 전체가 하나다. 꿀벌들도 마찬가지다. 그들은 몸은 개체지만 정신과 행동은 하나의 세포와 같다. 나는 학교 가는 길에 교복을 입고 줄지어 가는 학생들을 보면, 내 자신이 개미나 꿀벌 같다는 느낌이 많이 든다. 참 씁쓸한 일이다. 솔직히 중학교 첫날 교복을 입고 등교할 때는 너무 어색해서 죽는 줄 알았다. 어떤 애들은 교복을 입어서 좋다고 하지만 나는 너무 싫었다. 똑같은 옷이 생각까지 똑같게 만드는 느낌이 들었다.

특히 싫은 것은 아침마다 교문 앞에서 하는 복장 검사다. 선도부가 나와 있기도 하고, 선생님들이 나와 계실 때도 있는데 그 앞을 통과할 때마다 숨이 막힌다. 혹시나 지적을 받지 않을까 겁을 집어 먹는 내 모습이 너무 초라하다.

"처음에만 그래. 조금 지나면 어떻게 하는지 체득이 돼."

나보다 먼저 우리 학교를 다녔던 누나의 말이다. 겪다 보면 어떻게 해야 걸리지 않는지 몸으로 익힌다는 말인데, 나는 한 달이 지나도 아직도 요령을 제대로 체득하지 못했는지 교문을 통과할 때는 늘 긴장이다.

결국, 오늘 걸리고 말았다.

"몇 반이냐?"

선도부 형이 싸늘하게 물었다. 나는 고개를 푹 숙였다.

"4반이요."

"4반이라. 이름이……. 음, 앞으로 옷 잘 입고 다녀라."

나는 삐죽하게 나온 반팔 속옷을 집어넣었다. 이게 왜 밖으로 나왔는지 알다가도 모를 일이다. 분명 처음에 옷을 입을 때 제대로 입었던 것 같은데……. 혹시 현호 때문에?

나는 정말 복장에 관한 한 모범생에 속한다. 솔직히 우리 학교에서는 교복을 줄여 입는 애들이 득세하고 있다. 남자 애들은 바짓단을 줄여서 최대한 다리가 가늘게 보이게 하고, 여자 애들은 최대한 치마를 짧게 줄이려고 한다. 다들 눈치껏 줄여서 입고 다닌다. 현호는 특히 심해서 척 보기에도 줄인 것이 표가 난다. 그럼에도 나는 혹시 걸릴까봐 처음 옷 그대로 입고 다닌다. 그 덕분에 안 그래도 짧은 다리가 더 짧아 보인다. 그런데도 복장 불량으로 걸렸다. 척 보기에도 줄인 것이 확실한 현호는 무사 통과했는데 말이다.

오늘은 왜 이렇게 일이 꼬이는지 모르겠다. 아무래도 오늘 불행이 득세하는 것이 아닌지 정말 걱정스럽다.

한자음 그물망

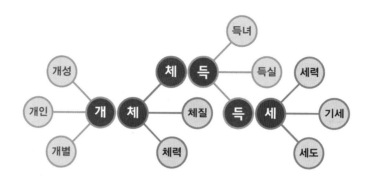

같은 음, 다른 뜻

개
'낱개', '홀로'를 뜻하는 개 (個)	개체, 개성, 개별
'열다'를 뜻하는 개 (開)	개관, 개간, 개장, 개폐
'고치다'를 뜻하는 개 (改)	개량, 개선, 개과천선
'대략', '대개'를 뜻하는 개 (槪)	개론, 개괄, 개념
'슬프다'를 뜻하는 개 (慨)	감개무량, 분개, 개탄

체
| '몸'을 뜻하는 체 (體) | 체력, 체감, 체질, 체면 |
| '막히다'를 뜻하는 체 (滯) | 체불, 체납, 체류, 체증 |

득
| '얻다'를 뜻하는 득 (得) | 득녀, 득세, 득실 |

세
'세상'을 뜻하는 세 (世)	세습, 출세, 세태, 세속
'구실', '세금'을 뜻하는 세 (稅)	세무, 세법, 세금
'기세', '세력'을 뜻하는 세 (勢)	세도, 기세, 우세, 추세
'가늘다'를 뜻하는 세 (細)	세포, 세심, 세밀
'씻다'를 뜻하는 세 (洗)	세탁, 세척, 세수

개

|01| '낱개', '홀로'를 뜻하는 개(個) : 개체, 개성, 개별

다세포 생물은 생식을 통해 새로운 **개체**를 만든다. 단세포 생물이 늘 같은 성질의 생명을 만드는 반면, 다세포 생물은 생식 과정에서 다양한 **개성**을 지닌 생명체를 만들어 낸다. **개별**적인 특성이 강한 다세포 생물은 환경 변화에 대처하는 능력이 강해서 단세포 생물에 비해 훨씬 번성하였다.

|02| '열다'를 뜻하는 개(開) : 개관, 개간, 개장, 개폐

오늘 새롭게 **개관**하는 도서관을 보니 정말 감격스럽습니다. 처음 여기에 도서관을 짓는다고 할 때 주변의 반대가 너무 심해서 마치 황무지를 **개간**하는 심정이었습니다. 그러나 우리는 많은 어려움을 뚫고 도서관 건설을 성공시켰습니다. 시간을 보니 드디어 도서관 첫 **개장** 시간이 다가왔군요. 주민 여러분께서 다함께 현관 자동문의 **개폐** 스위치를 눌러주시기 바랍니다.

|03| '고치다'를 뜻하는 개(改) : 개량, 개선, 개과천선

"그 녀석이 새 것을 안 사고 헌 것을 개량해서 쓴다고?"

"그렇다니까? 심지어 성능까지 개선해서 진짜 훌륭한 기계를 만들었어."

"허, 내 참. 밤에 스크루지를 찾아온 유령이라도 만났나. 하룻밤 새에 개과천선을 하게."

"그럴지도 모르지. 아무튼 완전히 새 사람이 되었어."

|04| '대략', '대개'를 뜻하는 개(槪) : 개론, 개괄, 개념

오늘은 〈심리학 개론〉의 첫 수업 시간이다. 개론이란, 개괄적인 학문을 말한다. 쉽게 말하면 대충 훑어본다는 뜻이다. 그러니 개론만 공부하고서 심리학을 다 아는 척하지는 말기 바란다. 개론을 공부할 때는 심리학에서 사용하는 용어들의 기본 개념을 정확하게 익히는 것이 중요하다. 개념이 불분명하면 나중에 더 깊은 학문을 하는 데 큰 어려움을 겪을 수 있다.

|05| '슬프다'를 뜻하는 개(慨) : 감개무량, 분개, 개탄

이렇게 승리하다니 정말 감개무량합니다. 며칠 전까지만 해도 일방적인 조치에 분개하면서도 어찌하지 못해 그저 개탄만 하고 있었는데, 우리 힘으로 이렇게 승리하다니요. 저는 너무나 기뻐서 어쩔 줄 모르겠습니다. 이제 더 이상 분개하고 개탄만 할 필요가 없습니다. 이제는 우리가 이 시의 주인이니까요.

체

|01| '몸'을 뜻하는 체(體) : 체력, 체감, 체질, 체면

확실히 체력이 떨어졌다는 것을 체감한다. 나는 원래 날씬한 체질이라 몸매가 항상 똑같아서 체력이 이렇게까지 떨어진 줄은 몰랐다. 오늘 체육대회에서 잘난 척하고 나섰다가 저질 체력으로 여학생들 앞에서 완전히 체면을 구겼다. 정말 내가 공부만 하고 운동을 너무 안 했다는 것을 체감했다. 이제부터라도 운동을 열심히 해야겠다.

|02| '막히다'를 뜻하는 체(滯) : 체불, 체납, 체류, 체증

또다시 임금이 체불되었다. 세금도 체납되어 있다. 그나마 외국인 불법 체류자들을 고용해 겨우 버텼는데, 이제 그나마도 어렵게 생겼다. 지나친 스트레스로 인한 만성적인 체증 때문에 소화제가 없으면 밥도 못 먹는다. 이제 회사 문을 닫아야 한다는 말인가?

 득

|01| '얻다'를 뜻하는 득(得) : 득녀, 득세, 득실

"축하합니다. 예쁜 따님입니다."

"그래? 허허, 드디어 기다리던 딸이로구나."

"축하드립니다. 성 대감! 잘 키워서 우리 집 며느리로 주시지요. 하하하."

"김 대감, 너무 빠르십니다. 하하하!"

성 대감은 아들만 삼형제를 두었는데, 마침내 득녀를 하니 그 기쁨이 매우 컸다.

성 대감이 기뻐하는 것은 단지 **득녀**를 했기 때문만은 아니었다. 당시에는 가문과 가문끼리 혼인을 맺어 세력을 키우는 풍속이 득세하고 있었다. 아들을 두어 가문의 대를 잇는 것도 중요했지만, 딸을 낳아 다른 세도 가문과 결혼시키는 것도 매우 중요한 일이었다. 새 생명이 태어나면 가문의 이해득실부터 따지는 당시 세도가문의 풍경은 삭막하기 그지 없었다.

 세

|01| '세상'을 뜻하는 세(世) : 세습, 출세, 세태, 세속

"벌써 3대째 경영권을 세습하는 거야?"

"말도 하지마. M 기업은 벌써 4대째 자식들에게 회사를 물려주고 있어. 4대 세습이라니 말이 되냐?"

"그러게. 진짜 심하다."

"하긴 뭐, 그 사람들 원망할 거 있냐. 부러우면 출세해야지."

"나도 출세하고 싶어. 그래서 내가 만든 회사를 자식들에게 세습시켜주고 싶다고……. 하지만 출세가 어디 쉽냐?"

"하긴 요즘은 가난한 집에서 태어나면 계속 가난하고, 부잣집에서 태어나면 계속 부자로 사는 세태니까."

"어휴, 그냥 확 세속을 떠나서 스님이나 신부가 돼버릴까?"

"칫, 그것은 뭐 쉬운 줄 아냐? 세상 버리고 영적인 평화를 찾기가 쉬우면 누구나 다 그거 했지."

|02| '구실', '세금'을 뜻하는 세(稅) : 세무, 세법, 세금

세무서는 세법에 따라 세금을 거둔다. 만약 세금을 정해진 세법이 아니라 마음대로 걷으면 나라는 엉망이 되고, 백성들은 나라를 원망하게 된다. 예전부터 세법이 흐트러지면 혼란이 생기고, 마침내 반란이 일어나 나라를 위기에 빠뜨렸다.

|03| '기세', '세력'을 뜻하는 세(勢) : 세도, 기세, 우세, 추세

"더 이상 풍양 조씨 가문의 세도를 내버려둘 수는 없습니다."

"어쩌겠소. 그들의 권력과 힘이 하늘도 찌를 기세이니."

"지금은 그들의 세력이 우리보다 우세하지만 그들의 힘은 차츰 기울어가는 추세입니다."

"힘이 기울어가는 추세라. 그것을 어찌 증명하오."

"어제 조양인이라는 자가 저에게 찾아와 풍양 조씨 내부 사정을 은밀히 알려주었습니다."

"흠, 좋소. 어디 그 자가 한 말이나 들어봅시다."

|04| '가늘다'를 뜻하는 세(細) : 세포, 세심, 세밀

현미경으로 세포를 관찰할 때는 세심한 주의가 필요하다. 세포는 워낙 작기 때문에 세밀하게 관찰하지 않으면 정확한 결과를 얻을 수 없다. 물론 처음부터 세련되게 잘할 수는 없다. 여러 번 하다 보면 능숙해질 것이다.

|05| '씻다'를 뜻하는 세(洗) : 세탁, 세척, 세수

세탁기는 옷을 세탁해주고, 세척기는 그릇을 세척해준다. 세탁기나 세척기처럼 내 얼굴을 자동으로 세수시켜주는 기계는 없을까? 아침, 저녁으로 세수하는 것이 정말 귀찮다.

06
고견高見 : 견해見解 : 해소解消

이야기 속 어휘

휴대전화를 걷어가는 플라스틱 상자를 볼 때마다 나는 고민에 빠진다. 휴대전화를 낼까? 말까? 안 가져 왔다고 하고 몰래 사용하고 싶은 욕망이 굴뚝처럼 솟아오른다. 물론 바지도 줄여 입지 못할 정도로 배짱이 없는 나는 불안에 굴복하고 만다. 휴대전화를 거둬가는 학교의 규칙이 마음에 들지 않는다. 휴대전화에 대한 내 견해는 이렇다.

휴대전화는 말 그대로 휴대전화다. 개인이 자유롭게 들고 다니는 전화다. 개인의 물건을 동의도 없이 가져가는 것은 분명 잘못이다. 선생님들은 휴대전화를 거둬가면서 단 한 번도 학생의 동의를 받은 적이 없다. 그냥 일방적으로 정하고 따르라고만 했다.

휴대전화는 생각과 느낌을 나누는 소중한 수단이다. 그것을 함부로 빼앗는 것은 말도 안 된다. 우리에게는 생각과 느낌을 나눌 자유가 있다. 휴대전화로 급한 일이나 꼭 필요한 연락을 해야 할 경우가 많은데, 휴대전화를 빼앗기면 하루 종일 중요한 연락을 제대로 하지 못한다.

물론 휴대전화를 갖고 있으면 수업 시간에 방해되는 경우가 종종 있다. 수업 중에 몰래 문자를 주고받거나 심한 경우 게임을 하기도 한다. 이것이 휴대전화를 거둬가는 가장 중요한 이유라고 생각한다. 그렇다면 수업 시간에 휴대전화를 사용한 학생만 벌칙을 주면 된다. 혹시 수업에 방해될지 모른다고 휴대전화를 모두 빼앗는 것은, 사람을 다치게 할지 모른다는 이유로 필통에 있는 칼을 빼앗는 것과 같다.

지금까지 나는 선생님들이 학교에서 휴대전화를 거둬가는 이유를 자세히 설명해주는 것을 한 번도 들은 적이 없고, 내 의견을 말해본 적도 없다. 선생님들에게 내 견해를 말씀드리고, 선생님들의 고견도 듣고 싶다. 의견을 나누다 보면 휴대전화를 무조건 걷는 것 말고도 다른 방법이 분명 있을 것이라 믿는다.

솔직히 말하면 휴대전화뿐만 아니다. 많은 경우 선생님들은 규칙을 제시하고, 옳고 그름을 판정하면서도 제대로 된 이유를 설명해주지 않는다. 학생들은 속으로는 불만이 가득하면서도 말은 하지 못하고 따르기만 한다. 그러다 보니 학생들은 선생님 눈에 띄지 않는 곳에서는 선생님들이 세운 규칙에 어긋나는 행동을 많이 한다. 속으로 불만이 많고, 규칙에 동의하지 않기 때문이다.

학생들이 잘 따르게 하려면 선생님들이 적극적으로 나서서 불만을 해소시켜주어야 한다. 그렇게 되면 학생들 스스로 규칙을 따를 것이고, 학생들에 대한 선생님들의 불만도 자연스럽게 해소될 수 있으리라 믿는다.

오늘도 나는 불만이 가득한 채 휴대전화를 플라스틱 상자에 집어넣는다.

한자음 그물망

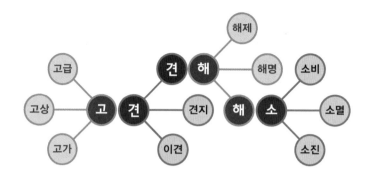

같은 음, 다른 뜻

고
'높다'를 뜻하는 고 (高)	고급, 고가, 고상, 고견
'옛날'을 뜻하는 고 (古)	고금, 고대, 고택
'인연', '사건'을 뜻하는 고 (故)	고인, 연고, 작고, 고향
'알리다'를 뜻하는 고 (告)	고별, 예고, 통고, 고백
'외로움'을 뜻하는 고 (孤)	고립, 고적, 고독
'굳다', '단단하다'를 뜻하는 고 (固)	고루, 견고, 고착, 고집
'쓰다'를 뜻하는 고 (苦)	고배, 고진감래, 고생, 고충, 고민

견
| '보다'는 뜻을 지닌 견 (見) | 이견, 외견, 견해, 견지 |

해
'풀다'를 뜻하는 해 (解)	해제, 해이, 해명, 해고
'바다'를 뜻하는 해 (海)	해발, 해수, 해역, 연해, 영해
'해치다'를 뜻하는 해 (害)	해충, 폐해, 해악

소
'사라지다'를 뜻하는 소 (消)	해소, 소진, 소멸, 소비
'곳', '자리'를 뜻하는 소 (所)	소재, 명소, 소관
'작다'를 뜻하는 소 (小)	대소, 왜소, 소설, 축소
'적다'를 뜻하는 소 (少)	청소년, 근소, 사소, 다소
'하소연하다'를 뜻하는 소 (訴)	소송, 기소, 읍소

문맥으로 이해하기

 고

|01| '높다'를 뜻하는 고(高) : 고급, 고가, 고상, 고견

그녀는 고급차를 몰고 고가의 옷과 액세서리를 걸쳤다. 그녀는 말씨도 참 고상할 뿐 아니라 다른 사람의 의견을 고견으로 여기며 귀를 기울일 줄도 안다. 한 마디로 그녀는 완벽하다.

|02| '옛날'을 뜻하는 고(古) : 고금, 고대, 고택

선생님이 우리에게 숙제를 내주셨다. '첫째 자신이 생각하기에 동서고금을 통틀어 가장 위대하다고 생각하는 인물을 선정해 올 것, 둘째 고대 사회의 특징을 조사해 올 것, 셋째 우리 지역에서 가장 오래된 고택을 방문해서 사진을 찍고 그 역사를 조사해 올 것'이다. 휴, 솔직히 하나만 하기에도 너무 어려운 숙제다.

|03| '인연', '사건'을 뜻하는 고(故) : 고인, 연고, 작고, 고향

"고인이 연고도 없는 곳에서 작고하셨다고요."

"그러게요. 아는 사람 하나 없는 곳에서 돌아가시다니, 정말 안타까운 일입니다."

"그런데 형제께서는 어찌 알고 돌아가신 고인을 여기 고향으로 모셔 오셨습니까?"

"정말 우연이었습니다. 우연히 친구에게 전화를 걸었는데 고인 이야기를 하지 뭡니까? 그래서 제가 부리나케 달려가 이곳으로 고인을 모셔올 수 있었습니다."

"정말 다행입니다. 이렇게라도 고향에서 고인의 명복을 빌 수 있게 되었으니까요."

|04| '알리다'를 뜻하는 고(告) : 고별, 예고, 통고, 고백

마침내 그룹 JKT가 해체를 결정하고 고별 공연을 합니다. 갑작스러 그룹 해체 소식에 열혈 팬들은 아쉬움의 눈물을 흘리고 있습니다. JKT 멤버인 K에 따르면 소속사가 예고 없이 그룹 해체를 결정하고, 일방적으로 통고했다고 합니다. 반면에 소속사 측은 사전에 충분히 논의를 했다고 하면서 예고 없는 일방적 통고 사실을 부인했습니다. 한편 다른 멤버인 J는 그동안 그룹 활동이 너무 힘들었다고 고백하면서 그룹 해체 뒤 당분간 푹 쉬고 싶다는 심경을 밝혔습니다.

|05| '외로움'을 뜻하는 고(孤) : 고립, 고적, 고독

깊은 산속에서 홀로 고립되어 사는 삶은 고적하다.

고독이 나의 친구다. 외로움이 나의 벗이다.

아무도 없는 곳에서 나는 진정으로 나를 만난다.

|06| '굳다', '단단하다'를 뜻하는 고(固) : 고루, 견고, 고착, 고집

"어른들은 정말 고루해."

"낡은 생각이 마치 고구려의 견고한 성 같다니까. 도대체 새것을 받아들일 줄 몰라."

"어쩌면 새것을 받아들이지 않으려는 마음이 **고착**된 것일지도 몰라."

"그러게 말이야. 아무튼 어른들이 옛것을 계속 **고집**하니 어떻게 해야 할지 정말 답답하다."

|07| '쓰다'를 뜻하는 고(苦) : 고배, 고진감래, 고생, 고충, 고민

현주는 또다시 **고배**를 마셨다. **고진감래**, 즉 **고생** 끝에 낙이 온다는 생각으로 수많은 **고충**을 이겨냈지만 또다시 실패한 것이다. 현주는 **고민**에 빠졌다. 이제 더 이상 이 길이 자기가 가야할 길이 아니라는 생각이 들었다.

 # 견

|01| '보다'는 뜻을 지닌 견(見) : 이견, 외견, 견해, 견지

김씨　"의장님 **이견**이 있습니다."

의장　"김씨, 웬만하면 그냥 넘어가지요."

김씨　"아닙니다. 반드시 짚고 넘어가야 합니다. 이 사업은 **외견**상 괜찮아 보이지만 자세히 들여다보면 문제점이 많습니다."

박씨　"아, 그만 합시다."

의장　"아닙니다. 김씨의 **견해**를 계속 들어보고 싶군요. 왜 그런지 말씀해주세요."

김씨　"경제적인 관점에서 보면 이익이 되는 듯하지만, 환경적인 **견지**에서 보면 이 사업은 크나큰 재앙입니다."

의장　" 환경적인 **견지**에서 보면 왜 재앙이라는 것입니까? 자세히 설명해주세요."

해

|01| '풀다'를 뜻하는 해(解) : 해제, 해이, 해명, 해고

경계 경보가 해제되자 직원들은 곧바로 긴장이 풀어지면서 기강이 해이해졌다. 직원들이 모두 긴장이 풀어진 바로 그때, 사장이 현장을 직접 순찰하면서 직원들의 상태를 점검했다. 사장은 정신 상태가 해이해졌다면서 왜 그렇게 엉망으로 근무하는지 일일이 직원들의 해명을 들었다. 대부분의 직원은 적절한 해명을 하지 못하고 변명만 늘어놓았다. 사장은 자신이 적발한 직원들을 기강 해이를 이유로 전부 해고했다.

|02| '바다'를 뜻하는 해(海) : 해발, 해수, 해역, 연해, 영해

해발 고도는 바다로부터 측정한 높이다. 즉 해수면을 기준으로 얼마나 높은지를 측정하는 것이다. 그런데 해수면은 늘 변하기 때문에 기준점을 정하기가 애매하다. 해수면 기준은 가장 높을 때와 낮을 때의 평균을 계산하여 해발고도를 0m 삼는다. 해발고도 기준점을 우리 해역에 표시하는 것이 맞지만, 바다에 기준점을 설치하면 늘 변하기 때문에 육지에 기준점을 설치한다. 우리나라의 기준점은 인천 인하대학교에 있다. 우리는 '영토'라고 하면 흔히 육지만 생각하지만 우리 땅과 접한 **연해**도 모두 **영해**라고 부른다. 우리 **영해**는 가장 바깥에 있는 섬들을 직선으로 연결한 뒤 거기서 12해리(약 22.2km) 되는 곳까지를 가리킨다.

|03| '해치다'를 뜻하는 해(害) : 해충, 폐해, 해악

해충의 폐해가 심각하다. 지금 해충을 몰아내지 못하면 그 해악이 어디까지 미칠지 아무도 짐작할 수 없는 상황이다.

소

|01| '사라지다'를 뜻하는 소(消) : 해소, 소진, 소멸, 소비

내게 쌓인 스트레스를 **해소**하지 못하면 에너지가 **소진**되어 내 자신이 완전히 **소멸**될지도 모르겠다. 도대체 어떻게 스트레스를 풀어야지? 어떤 여자들은 돈이라도 있어서 이것저것 **소비**하면서 스트레스를 푼다지만 가난한 나는 쌓여가는 스트레스를 **해소**하지 못해 미칠 것 같다. 이러다 정말 내가 **소멸**되는 것은 아닐까?

|02| '곳', '자리'를 뜻하는 소(所) : 소재, 명소, 소관

경춘리에 **소재**한 관광 **명소**는 저희 부처 **소관**이 아닙니다. 그러니까 제발 저희한테 전화하지 마세요. 그 **명소**를 관리하는 것은 관광공사에요. 관광공사 **소관**인데 왜 저희에게 자꾸 항의를 하십니까? 저희 동네에 **소재**했다고 해서 모두 저희가 관리하는 것은 아닙니다.

|03| '작다'를 뜻하는 소(小) : 대소, 왜소, 소설, 축소

키의 **대소**를 견줄 필요도 없이 키가 작은 나보다 확실히 **왜소**해보인다. 그러나 그가 쓴 **소설**은 정말 위대하다. 어쩌면 그의 **왜소**한 키 때문에 그가 쓴 **소설**의 위대함이 **축소**되고 있는지도 모르겠다.

|04| '적다'를 뜻하는 소(少) : 청소년, 근소, 사소, 다소

당연히 **청소년**과 대학생은 **근소**한 차이가 있다. 그러나 그 차이는 **사소**하다. 아주 적은 차이임에도 **청소년**과 대학생을 대하는 사회의 시선은 완전히 다르다. **사소**한 차이를 이유로 **청소년**과 대학생을 전혀 다르게 대하는 것은 **다소** 무리가 있다고 본다.

|05| '하소연하다'를 뜻하는 소(訴) : 소송, 기소, 읍소

저희는 가난합니다. **소송**을 하면 저희는 완전히 망합니다. 제발 검찰이 **기소**를 하지 않도록 **소송**을 취소해주시기 바랍니다. 이렇게 간절히 **읍소**하오니 제발 저희 부탁을 들어주세요.

07
교감交感 : 감지感知 : 지능知能

"책과 **교감**해, 책과 감정을 나눠. 그것이 독서야."

아빠가 늘 내게 하는 말씀이다. 아빠는 도서관이 직장이다. 그래서 그런지 다른 것은 몰라도 책 읽는 것을 중요하게 여기신다. 나는 아빠가 조금 멀게 느껴지고, 어떤 때는 무섭기도 하지만 책 읽는 시간을 충분히 보장해주는 아빠가 참 좋다.

나는 어릴 때부터 아빠가 화가 나신 것 같으면 재빨리 분위기를 **감지**하고 책을 읽는 척했다. 그러면 아빠는 나를 야단치려고 하다가도 그만 두시곤 했다. 책 읽는 것은 어떤 일이 있어도 방해해서는 안 된다는 것이 아빠의 평소 신념이기 때문이다. 아, 물론 아침에 모닝 똥을 누며 신문 보는 것을 방해받지 않으려고 하셔서 내가 고생하지만 말이다. 아침밥을 먹을 때까지 신문에 푹 빠져 있는 것은 별로 보기 좋지 않지만, 글을 사랑하고 글에 빠져드는 아빠의 모습은 배울 만하다고 생각한다.

아빠의 아들인 나도 독서를 좋아한다.

"**지능**만 너무 발전시키면 안 돼. 감성이 살아 있어야지."

누나는 늘 나에게 이런 말을 했다. 나는 그런 누나의 말을 들을 때마다 코웃음을 쳐 주었다. 책에는 지식과 감정이 모두 담겨 있어서 감성도 키워준다. 누나는 그것을 모른다. 내가 몇 번을 이야기해도 누나는 늘 '감성'을 키워야 한다며 책을 멀리했다. 누나는 아빠가 어릴 때부터 그렇게 구박을 해도 책을 읽지 않았다.

"당신을 닮아서 그래."

아빠는 엄마를 보면서 늘 투덜거렸다.

"아휴, 책 안 읽으면 어때요. 책 안 읽어도 내가 얼마나 감성이 풍부한데."

"감성만 풍부하면 뭐해. 머리가 좋아야지. 머리에 든 것이 없으면 아무리 예쁘고, 감성이 풍부해도 아무 소용이 없어."

"에고, 그렇게 똑똑한 사람이 어째서 나처럼 책과 담 쌓고 지내는 교양 없는 사람을 선택했을까?"

엄마와 아빠의 대화는 늘 이런 식으로 진행되었다.

아무튼 나는 아빠를 닮아서인지 책 읽기를 정말 좋아했다. 그래서 학교에서도 아침 독서 시간이 가장 행복하다. 나는 우리 중학교가 여러 가지로 마음에 안 들지만 아침 독서를 학생과 선생님이 모두 함께 참여하도록 한 것은 정말 마음에 든다.

오늘도 나는 아침에 책과 교감하고, 책에 빠져들어 나의 지능과 감성을 무럭무럭 키우고 있다. 가끔 독서 시간이 끝나고 수업이 시작하는 것을 감지하지 못해 선생님께 구박을 받는 것이 문제이기는 하지만……

한자음 그물망

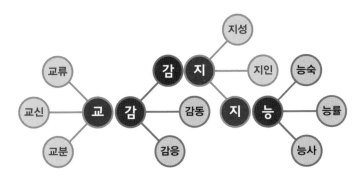

같은 음, 다른 뜻

교
'사귀다', '주고받다'를 뜻하는 교 (交)	교감, 교신, 교분, 교류
'가르치다'를 뜻하는 교 (敎)	교단, 교양, 교사, 교관

감
'느끼다'를 뜻하는 감 (感)	감지, 감응, 감화, 감회, 감읍
'달다'를 뜻하는 감 (甘)	감로수, 감수, 감미
'살피다'를 뜻하는 감 (監)	감리, 감찰, 감독, 감금
'줄이다'를 뜻하는 감 (減)	감량, 감소, 감축, 감면
'거울'을 뜻하는 감 (鑑)	감별, 감식, 감정(鑑定)

지
'알다'를 뜻하는 지 (知)	지인, 지능, 지성
'땅'을 뜻하는 지 (地)	지질, 지평, 지반
'종이'를 뜻하는 지 (紙)	지물포, 지폐, 지면
'슬기'를 뜻하는 지 (智)	지략, 지모, 지혜
'늦다'를 뜻하는 지 (遲)	지각, 지연, 지체
'손가락'을 뜻하는 지 (指)	지정, 지령, 지시
'가지다'를 뜻하는 지 (持)	지분, 지속, 지참
'뜻'을 뜻하는 지 (志)	지사, 의지, 지조, 지향

능
'능력'을 뜻하는 능 (能)	능사, 능숙, 능률
'언덕'을 뜻하는 능 (陵)	구릉, 왕릉, 능멸

문맥으로 이해하기

 교

|01| '사귀다', '주고받다'를 뜻하는 교(交) : 교감, 교신, 교분, 교류

그녀와 나는 첫 만남부터 진한 **교감**을 나누었다. 첫 만남이 워낙 강렬했기 때문에 우리는 그 후로도 계속 **교신**을 주고받으며, 두터운 **교분**을 쌓았다. 요즘은 **교류**가 뜸해졌지만 초기에 쌓은 **교분**이 워낙 두터웠기 때문에 지금도 우정은 전혀 변하지 않았다.

|02| '가르치다'를 뜻하는 교(教) : 교단, 교양, 교사, 교관

김 선생은 **교단**에서 **교양** 과목을 가르치는 **교사**지만, 솔직히 신병 **교육**장에서 군사 훈련을 가르치는 **교관**이 더 어울리는것 같다.

감

|01| '느끼다'를 뜻하는 감(感) : 감지, 감응, 감화, 감회, 감읍

"그것을 그렇게 민감하게 **감지**하다니 대단하십니다."

이장은 김 교수에게 연신 고개를 숙였다.

"뭘요. 평소에 자연과 늘 **감응**하고 살아서인지 솔직히 그리 어렵지 않았습니다."

"아닙니다. 저는 정말 **감화**받았습니다. 진짜 감동입니다."

"칭찬을 들으니 정말 **감회**가 새롭네요. 과거의 저라면 그 일은 꿈도 꾸지 못했을 것입니다."

김 교수는 능력은 부족하면서 겸손하지 못했던 자신의 과거가 떠오르자 부끄러웠다.

"그러니까 더 대단합니다. 이번 일, 진심으로 **감읍**합니다."

|02| '달다'를 뜻하는 감(甘) : 감로수, 감수, 감미

"이 쟁반이 한국에서 가져온 것이라고요?"

"네, 그렇습니다."

"어허, 40년 만에 한국에서 온 제품을 만나니 마치 승로반을 대하는 기분입니다."

"승로반이라니요?"

"하늘에서 내리는 영생불멸의 **감로수**를 받아먹기 위하여 만들었다는 쟁반입니다."

할아버지는 예전 일을 떠올리며 감회에 젖었다.

"머나먼 이국땅에서는 고국에서 겪은 고통도 달콤한 **감수**처럼 느껴지는 법이지요."

"고통이 단물처럼 느껴진다? 그렇겠지요. 참, 여기 한국에서 가져온 차와 찻잔도 있습니다."

"오, 정말 감격입니다."

할아버지는 조심스럽게 차를 마셨다.

"정말 감미롭군요. 이것은 어떤 차입니까?"

|03| '살피다'를 뜻하는 감(監) : 감리, 감찰, 감독, 감금

윤이중은 공사 현장 감리를 책임지고 있었다. 불시에 실시된 감찰에서도 윤이중
은 한 번도 지적을 받지 않을 정도로 책임감 있는 감리자였다. 그러던 윤이중이
개인적인 사연 때문에 딱 하루 현장 감독을 소홀히 하였는데, 안타깝게도 바로
그날 대형 사고가 발생했다. 결국 윤이중은 사고 책임자로 지목되어 경찰 유치장
에 감금되고 말았다.

|04| '줄이다'를 뜻하는 감(減) : 감량, 감소, 감축, 감면

체중을 감량하려면 먼저 먹는 것을 줄여야 한다. 먹는 것을 줄여야 체중이 감소
한다. 먹는 것을 줄이는 것만으로 체중 감량이 제대로 되지 않을 경우에는 공부
하는 시간은 감축하고, 운동하는 시간은 늘릴 필요가 있다. 몸무게를 줄이려면
공부에 대한 부담은 감면해주는 것이 좋다.

|05| '거울'을 뜻하는 감(鑑) : 감별, 감식, 감정(鑑定)

보석을 감별하는 일은 뛰어난 전문성이 필요하다. 단순한 지식이 아니라 오랜 경
험을 통해 감식 능력을 길러야 한다. 보석을 감식한 뒤에는 감정서를 작성한다.
감정서에는 감별사의 이름이 반드시 들어간다.

지

|01| '알다'를 뜻하는 지(知) : 지인, 지능, 지성

내 **지인** 중에는 **지능**이 뛰어난 사람이 많다. 그러나 그들이 모두 **지성**이 뛰어난 지는 모르겠다. **지성**은 단지 아는 것이 많다고 해서 길러지는 것이 아니기 때문 이다. 사회에 대한 책임을 다하지 못한다면, 지식은 그저 돈벌이 수단일 뿐이다.

|02| '땅'을 뜻하는 지(地) : 지질, 지평, 지반

내가 이번에 **지질** 조사를 떠날 곳은 '김제'다. 김제는 한반도에서 유일하게 **지평선** 이 보이는 곳이다. 이번에 대규모 시설을 김제에 설치할 계획인데, 이 시설을 세워 도 될 만큼 **지반**이 튼튼한지 알아보는 것이 이번 **지질** 조사의 목적이다.

|03| '종이'를 뜻하는 지(紙) : 지물포, 지폐, 지면

지물포에서 만 원짜리 **지폐** 스무 장을 주고 벽지 한 장을 샀다고 했더니 많은 사 람들이 어이없어 했다. 직접 벽지를 본 사람들도 이해를 못하니, **지면**에 적힌 글 로만 나의 행동을 접한 사람들은 더 이해를 못할 것이다.

|04| '슬기'를 뜻하는 지(智) : 지략, 지모, 지혜

제갈공명의 **지략**과 **지모**는 정말 뛰어나다. 역사상 그 어떤 군사 전략가도 제갈공 명의 **지혜**는 따르지 못한다.

|05| '늦다'를 뜻하는 지(遲) : 지각, 지연, 지체

배우 한 사람의 **지각**으로 인해 공연이 **지연**되자, 관객들은 **지체** 없이 공연을 시 작하라며 격렬하게 항의했다.

|06| '손가락'을 뜻하는 지(指) : 지정, 지령, 지시

지정된 장소에서 지령을 받으십시오. 일단 그 지령을 수행하고 나면 다시 지시가 내려올 것입니다.

|07| '가지다'를 뜻하는 지(持) : 지분, 지속, 지참

윤 회장은 단 5%의 지분으로 거대한 기업을 지배하고 있었다. 그러나 이런 식의 지배가 더 이상 지속될 수 없는 위기를 맞았다. 윤 회장의 반대파인 김을용이 40%가 넘는 주주들의 위임장을 지참하고 주주총회에 참석한다는 소식이 들려왔기 때문이다. 즉, 40%가 넘는 주주들이 김을용을 지지한다는 뜻인데, 이는 윤 회장이 지닌 지분보다 8배나 많은 수준이었다.

|08| '뜻'을 뜻하는 지(志) : 지사, 의지, 지조, 지향

독립지사라면 끝까지 굳건한 의지로 지조를 지켜야 합니다. 언제까지나 독립을 지향하며 포기할 줄 모르는 불굴의 의지를 지녀야 합니다. 중간에 지조를 버리고 친일파가 된 자는 절대 독립지사로 인정해서는 안 됩니다.

능

|01| '능력'을 뜻하는 능(能) : 능사, 능숙, 능률

부지런하다고 해서 능사는 아니었다. 그는 일에 능숙했기 때문에 나보다 능률적으로 일을 했다. 나는 부지런히 일을 했지만 능숙한 그를 따라갈 수 없었다.

|02| '언덕'을 뜻하는 능(陵) : 구릉, 왕릉, 능멸

저 **구릉**을 넘어가면 찾으시는 **왕릉**이 나옵니다. 원래 왕비의 능은 그곳에서 없었습니다. 왕을 **능멸**했다는 이유로 쫓겨난 뒤 죽었거든요. 나중에야 억울하게 당한 것이라는 사실이 드러나 왕 옆에 나란히 눕게 되었지요. 죽어서야 겨우 부부로 되돌아 간 셈입니다.

08
군림君臨 : 임시臨時 : 시효時效

"적을 물리쳐야 할 **시효**가 언제까지라고?"

"겨우 일주일 남았습니다."

"일주일이라니 너무 시간이 없군."

"그나마 **임시**로 막아 놓은 방어벽이 없었다면 우리 군대가 전부 무너졌을 것입니다."

"적들의 상태는 어떤가?"

"적이 너무 강력하게 **군림**하고 있어서 아무런 흔들림이 없습니다."

"우리 측 상황은 어떤가?"

"오랜 싸움으로 너무 지쳐 있습니다. 특히 전임자가 너무 폭군처럼 **군림**하는 바람에 사기가 많이 떨어져 있는 상태입니다."

"내 앞에서 전임자를 폭군이라 하다니, 나는 폭군처럼 **군림**하지 않을 것이라 믿나?"

"장군님에 대한 소문은 많이 들었습니다. 병사들을 자식처럼 따뜻하게 보살피신다고……."

"후후, 그런 평판이 있다니 고맙군. 그나저나 이 방어벽은 누구의 지시로 쌓은 것인가?"

"제가 결정해서 쌓은 것입니다."

"전임 장군이 지시한 것이 아니고?"

"아닙니다. 전임 장군은 이런 것이 필요 없다면서 시효가 끝나기 전에 적을 물리치려면 무조건 공격해야 한다고 나서는 바람에 큰 피해를 입었습니다. 만약 이 방어벽이 없었다면 적의 역습에 우리 군대는 완전히 무너졌을 것입니다."

"자네 덕에 내가 올 수 있는 기회를 잡았군. 좋아. 아주 훌륭한 방어벽이야. 이 방어벽이 있으니 방어는 걱정하지 않아도 되겠군. 훌륭해."

"감사합니다."

"지도 좀 꺼내 보겠나?"

퍽~. 앗! 뭐야. 지도를 꺼내려고 했는데…….

"이 녀석 봐라. 여기가 무슨 임시 숙소냐, 대 놓고 잠을 자게. 빨리 안 일어나!"

꿈이었다. 너무 지루한 수업을 듣다가 깊은 잠에 빠져들었나 보다. 이 선생님 수업은 너무 졸리다. 오죽하면 별명이 수면제 선생님일까! 수면제 선생님은 졸릴 수밖에 없게 수업을 해 놓고는 졸면 화를 낸다. 수업 시간에 수면제를 팍팍 뿌리면서 버티라니 너무하다.

아무튼 지루한 수업 중에 재미있는 일 생겼다며 애들은 웃고 난리가 났다. 내가 좋아하는 민지도 날 보고 웃었다. 어휴~ 창피해!

한자음 그물망

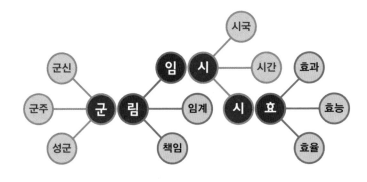

같은 음, 다른 뜻

군
'임금'을 뜻하는 군 (君)	군주, 군림, 군신, 성군
'군사', '군대'를 뜻하는 군 (軍)	군대, 군축, 군관, 군기
'무리'를 뜻하는 군 (群)	군웅, 군중, 군락

임[림]
'임하다'를 뜻하는 임 (臨)	임시, 임계, 임종, 임상
'숲'을 뜻하는 임 (林)	임업, 임야, 임목
'맡기다'를 뜻하는 임 (任)	임용, 임명, 임무, 임의
'품팔이'를 뜻하는 임 (賃)	임대, 운임, 임차, 임금

시
'때'를 뜻하는 시 (時)	시간, 시효, 시국, 시사
'도시', '시장'을 뜻하는 시 (市)	시가지, 시민, 시장, 시황
'처음'을 뜻하는 시 (始)	시초, 시발점, 시동
'보다', '보이다'를 뜻하는 시 (視, 示)	시야, 주시, 시선, 시범
'옳다'를 뜻하는 시 (是)	시비, 시인, 시정
'베풀다'를 뜻하는 시 (施)	시혜, 시책, 시설
'시험하다'를 뜻하는 시 (試)	시료, 시연, 시도, 시련

효
'본받다'를 뜻하는 효 (效)	효과, 효능, 효율
'효도'를 뜻하는 효 (孝)	효행, 효성, 효자

문맥으로 이해하기

 군

|01| '임금'을 뜻하는 군(君) : 군주, 군림, 군신, 성군

군주는 군림하는 자리가 아니라 봉사하는 자리입니다. 군신은 상하 관계가 아니라 협동하는 관계입니다. 임금이 백성에 군림하지 않고 봉사하며, 신하와 협동할 때 대왕께서는 세종대왕보다 뛰어난 성군이 되실 것입니다.

|02| '군사', '군대'를 뜻하는 군(軍) : 군대, 군축, 군관, 군기

군대를 절반으로 줄이는 군축 협상이 시작되자 군관들은 불안에 떨기 시작했다. 혹시 군축으로 인해 해고되면 새로운 일자리가 필요하다는 생각에 이곳저곳 알아보러 다니는 군관들도 크게 늘어났다. 군관들이 흔들리자 사병들은 더욱 군기가 약해졌고, 전투력이 크게 약화되었다.

|03| '무리'를 뜻하는 군(群) : 군웅, 군중, 군락

나라가 혼란스러워지자 사방에서 **군웅**들이 들고 일어났다. 궁예도 그 중 한 사람이었다. 궁예는 **군중**들을 자기편으로 끌어들이는 솜씨가 탁월했다. 궁예가 다스리는 철원 주변에는 수많은 백성들이 찾아왔고, 백성들이 모여 사는 대규모 **군락**이 급격하게 늘어났다.

임

|01| '임하다'를 뜻하는 임(臨) : 임시, 임계, 임종, 임상

"**임시**로 조치를 취했지만 아무래도 **임계**점에 도달한 듯합니다. 더 이상 생명을 유지하기 어렵습니다. 이제 **임종**에 대비하시지요."

그렇게 말하고는 병상을 나왔다. 병원에서 오랫동안 **임상** 생활을 해왔지만 환자의 **임종**을 맞이하는 순간은 늘 힘겹기만 하다. 오늘은 특히 힘들었다. 아무래도 내 **임상** 생활도 더 이상 버티지 못하는 한계, 즉 **임계**점에 도달한 것은 아닌지 고민스러웠다.

|02| '숲'을 뜻하는 임(林) : 임업, 임야, 임목

임업에 종사하는 사람들은 숲을 **임야**라 하고, 나무를 **임목**이라 한다. 그냥 숲, 나무라고 쓰면 덧나나? 전문가라는 사람들은 꼭 어려운 한자를 써서 일반인들이 무슨 말인지 못 알아듣게 한다. 내가 보기에는 정말 못된 습관이다.

|03| '맡기다'를 뜻하는 임(任) : 임용, 임명, 임무, 임의

오랜 공부 끝에 드디어 교사 **임용** 시험에 합격했다. 더욱이 곧바로 교사로 **임명**

되는 행운까지 찾아왔다. 어찌나 기쁜지…… 학교에 선생님으로 첫 출근하기 전 날, 나는 스스로 이번 학기의 **임무**를 정했다.

"기분에 따라 **임의**로 아이들을 대하지 말고, 항상 일관되게 아이들을 대하자."
나는 스스로 세운 **임무**를 되새기며 잠자리에 들었다. 드디어 내일이면 첫 출근이다. 가슴이 너무 설레서 잠이 오지 않는다.

|04| '품팔이'를 뜻하는 임(賃) : 임대, 운임, 임차, 임금

김 씨는 박 사장의 트럭을 **임차**해서 화물을 나르는 일을 했다. 그러나 화물을 날 라다 주고 받는 **운임**이 너무 낮았다. 차를 **임대**해준 박 사장에게 **임차**료를 주고 나면 남는 돈이 거의 없었다. 김 씨는 차라리 예전처럼 회사에 들어가 **임금**을 받 는 것이 더 낫겠다는 생각을 무수히 했다.

 # 시

|01| '때'를 뜻하는 시(時) : 시간, 시효, 시국, 시사

잠시 뒤 3**시간** 후에 화성 연쇄 살인 사건의 공소**시효**가 끝납니다. 살인사건 공소 **시효**는 15년이기 때문입니다. 당시 화성 연쇄 살인 사건이 벌어질 때는 독재에 반 대한 민주화 시위로 인해 **시국**이 불안정하여, 많은 경찰이 시위 진압에 동원된 때였습니다. 이로 인해 제대로 된 수사를 하지 못한 것이 화성 연쇄 살인 사건을 해결하지 못한 주된 원인의 하나라고 알려져 있습니다. 3**시간** 뒤, 이제 범인은 처 벌받지 않을 것이라면서 안심하겠지만, 양심의 법정이 내리는 처벌만은 면치 못 할 것입니다. 이번 주 **시사**토론의 주제는 '살인죄 공소**시효** 15년, 과연 적절한가?' 입니다. 시청자 여러분의 많은 참여 바랍니다.

|02| '도시', '시장'을 뜻하는 시(市) : 시가지, 시민, 시장, 시황

증권 회사가 몰려 있는 여의도 **시가지**에는 얼굴에 웃음기를 가득 머금은 **시민**들로 넘쳐 났다. 그도 그럴 것이 주식 **시장**의 **시황**이 너무나 좋아서 다들 큰 이익을 보았기 때문이다. 주식 가격이 시민들의 얼굴 표정까지 바꾸고 있다.

|03| '처음'을 뜻하는 시(始) : 시초, 시발점, 시동

현수가 놀리는 것을 **시초**로 형주는 왕따가 되었다. 현수가 형주를 놀리기 시작한 것은 형주와 벌인 사소한 말다툼 때문이었다. 별것 아닌 말다툼이 **시발점**이 되어 둘은 크게 사이가 나빠졌다. 처음에 현수를 왕따시키려고 **시동**을 건 것은 형주였다. 형주의 행동에 화가 난 현수는 본격적으로 형주를 놀렸고, 결국 형주가 왕따가 되고 말았다.

|04| '보다', '보이다'를 뜻하는 시(視, 示) : 시야, 주시, 시선, 시범

시야를 최대한 넓혀라. 어디서 목표물이 나타날른지 모른다. 목표물이 나타나면 목표물을 **주시**하라. **시선**을 고정하고 움직이지 마라. 기회가 다가오면 가차 없이 활을 날려라. 자, 이제부터 내가 **시범**을 보일 테니 따라해보도록……

|05| '옳다'를 뜻하는 시(是) : 시비, 시인, 시정

이제 그만 **시비** 거세요. 제 잘못을 **시인**했잖아요. 제가 잘못한 것은 바로 **시정**할 테니까 그만 돌아가십시오.

|06| '베풀다'를 뜻하는 시(施) : 시혜, 시책, 시설

새로 선출된 시장은 '복지는 **시혜**가 아니라 권리'라고 말했다. 복지는 누군가 인심을 써서 주는 것이 아니라 시민이 당연히 누려야 할 권리라는 것이다. 신임 시장은 복지를 최우선으로 하는 **시책**을 펼칠 것이며, 우선 보도블록 교체와 같은 불필요한 사업비를 없애고, 이에 책정된 사업비를 낙후된 복지 **시설**을 개선하는 데 투입하겠다고 밝혔다.

|07|　'시험하다'를 뜻하는 시(試) : 시료, 시연, 시도, 시련

교수님이 먼저 오늘 구입한 **시료**를 이용해 시험하는 요령을 **시연**해보였다. 우리는 하나라도 놓칠까봐 교수님의 **시연**을 눈여겨보았다. **시연**을 마친 교수님은 우리를 보고 말씀하셨다.

"먼저 **시도**해볼 사람?"

아무도 나서지 않았다. 모두 처음 하는 실험이라 겁을 집어 먹은 모양이다.

'**시련** 앞에 물러서면 아무런 성취도 얻을 수 없다.'

그 순간 고등학교 사회 선생님이 늘 하시던 말씀이 생각났다. '그래 한 번 해보자. 까짓 것 하면 되지 뭐.' 나는 조용히 손을 들었다.

 효

|01|　'본받다'를 뜻하는 효(效) : 효과, 효능, 효율

이 첨가제는 연료를 아껴주는 **효과**가 있는데, 그 **효능**이 매우 뛰어나서 연료 **효율**을 최소 50%~70%로 향상시켜줄 것입니다.

|02|　'효도'를 뜻하는 효(孝) : 효행, 효성, 효자

그는 **효행**이 극진하여 부모가 원하는 것은 무엇이든지 다 하였다. 모두들 그의 **효성**을 칭찬하였고, 최고의 **효자**라고 동네방네 소문이 났다.

09
기한期限 : 한정限定 : 정착定着

나는 민지를 좋아한다. 누구에게 이런 마음을 이야기한 적은 없다. 물론 민지도 모른다. 다만 혼자 속으로만 민지를 좋아하는 마음을 키우고 있을 뿐이다. 민지가 예뻐서 좋아하는 것은 아니다. 솔직히 말해 민지는 그리 예쁜 얼굴은 아니다. 그런데 마음씨는 정말 예쁘다. 아마 요즘 애들 중에 민지 같은 애는 거의 없을 것이다. 내가 좋아하는 프로 모델 **한정판**과 같다고나 할까?

한정판은 특별한 제품으로 그 숫자가 제한되어 있다. 그래서 귀하게 대접받는다. 민지도 마찬가지다. 민지는 그 착한 마음씨가 정말 **한정판**이다. 텔레비전 홈쇼핑에서 **한정** 판매라고 하면 주문 전화를 거는 엄마를 종종 보는데, 그때는 몰랐지만 민지를 좋아하게 된 뒤부터는 엄마의 마음을 알 것 같았다. 민지 같이 착한 애를 누가 알아보기 전에 얼른 사귀고 싶은 것이 내 마음이니까······.

아마 원시 시대 사람들은 땅은 넓고 사람은 적어서 자신들이 살고 싶은 곳에 정착하면 그곳이 자기 땅이 되었을 것이다. 특별한 일이 없는 한 자신이 원할 때까지 정착해서 살 수 있었을 것이다. 민지를 생각하는 내 마음도 비슷하다. 민지를 먼저 차지하면 민지는 너무 착해서 아마 끝까지 나랑 사귈 것이다. 다른 애들처럼 조금 사귀다가 헤어지고, 사소한 일로 싸우는 일 따위는 없을 것이라고 확신한다. 그만큼 민지는 착하고, 요즘 보기 드문 애다.

과학 시간에 선생님이 바다에서 나는 어패류 껍질을 가져오라고 한 적이 있었다. 나는 깜빡 잊고 그냥 왔는데 다른 애들은 아무도 빌려주지 않았다. 학기 초라 아는 애도 별로 없어서 나는 어쩔 줄 몰라 했다. 그때 민지가 오더니 내게 소라를 하나 내밀었다. 내가 부탁도 하지 않는데……. 수업을 마치고 민지에게 소라를 돌려주려고 하다가 나는 실수로 그만 소라를 깨뜨렸다. 내가 미안해서 어쩔 줄 몰라 하는데 민지는 환하게 웃더니 자기 집에 많이 있으니까 괜찮다고 했다. 세상에 얼마나 고마운지…….

한 번은 우리 동네에 있는 도서관에서 숙제를 위해 책을 빌리려고 했는데, 반납 기한을 넘기는 바람에 한동안 책을 빌릴 수가 없었다. 책 살 돈은 없고, 막막해 하는데 그때 우연히 지나가던 민지가 자기 도서 대출증으로 책을 빌리게 해주었다. 그때 정말 고마웠는데 나중에 내가 또 반납 기한을 어겨서 정작 민지가 책을 빌리고 싶을 때 책을 빌릴 수 없게 되었다. 그때도 민지는 나한테 화 한 번 내지 않았다.

이렇게 착하니 내가 민지를 안 좋아할 수가 없다. 중학교 1학년, 내 가슴에는 예쁜 사랑이 꽃피고 있다. 제발 이 꽃이 제대로 피면 좋으련만…….

한자음 그물망

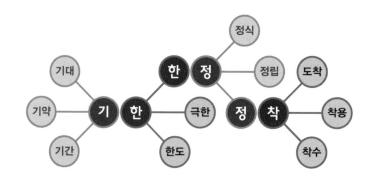

같은 음, 다른 뜻

기

'때'를 뜻하는 기 (期)	기약, 기한, 기대, 기간
'재주'를 뜻하는 기 (技)	기량, 기교, 기술, 기법
'기운'을 뜻하는 기 (氣)	대기, 기류, 기개, 기력
'틀'을 뜻하는 기 (機)	기계, 기동력, 기회
'터'를 뜻하는 기 (基)	기저, 기반, 기준
'기이하다'를 뜻하는 기 (奇)	기발, 기괴, 기이, 기적
'부치다'를 뜻하는 기 (寄)	기부, 기탁, 기고, 기증

한

'한계'를 뜻하는 한 (限)	한도, 극한, 권한, 한정
'차갑다'를 뜻하는 한 (寒)	한랭, 한파, 한기
'원통하다', '한스럽다'를 뜻하는 한 (恨)	원한, 한탄, 회한

정

'정하다'를 뜻하는 정 (定)	정립, 한정, 정식
'다스리다'를 뜻하는 정 (政)	행정, 정치, 정책
'바르다'를 뜻하는 정 (正)	엄정, 정직, 정곡
'곧다'를 뜻하는 정 (貞)	정숙, 정절, 정조
'뜻'을 의미하는 정 (情)	정취, 정보, 정황, 온정

착

'붙다'를 뜻하는 착 (着)	도착, 착수, 착지, 착용
'섞이다'를 뜻하는 착 (錯)	착시, 착란, 착각, 착오
'쥐어짜다'를 뜻하는 착 (搾)	착유기, 압착, 착취

기

|01| '때'를 뜻하는 기(期) : 기약, 기한, 기대, 기간

내가 어려움 속에서도 열심히 공부한 것은 언젠가 성적이 오르리라는 **기약**과 믿음이 있어서였다. 성적을 언제까지 올리겠다는 **기한**은 정하지 않았다. 열심히 한다고 바로 성적이 오르리라는 **기대**도 하지 않았다. 다만 나는 오랜 **기간** 동안 엉덩이의 힘만을 믿으며 노력했을 뿐이다.

|02| '재주'를 뜻하는 기(技) : 기량, 기교, 기술, 기법

"자제분이 예술적 **기량**이 정말 뛰어나군요."

"아닙니다. 단지 **기교**가 뛰어나 보일 뿐, 아직 깊이가 없습니다."

"겸손의 말씀입니다. 익힌 **기술**을 보니 제법 깊이도 있는 듯합니다. 부족하지만 제가 터득한 **기법**을 자제분에게 전수해주고 싶은데, 그래도 되겠는지요?"

"선생님의 **기법**을 전수해주신다면, 제 자식에게는 더 없는 영광입니다."

|03| '기운'을 뜻하는 기(氣) : 대기, 기류, 기개, 기력

초겨울 대기는 차가운 기운이 서서히 차올랐다. 윤선달의 집안에도 스산한 기류가 흘렀다. 어제까지만 해도 기개가 넘치던 윤선달이 쓰러졌기 때문이다. 윤선달은 오늘 아침 갑자기 기력이 없다면서 드러눕더니 의식을 잃고 말았다. 아무도 윤선달이 그렇게 된 이유를 알지 못했다.

|04| '틀'을 뜻하는 기(機) : 기계, 기동력, 기회

히틀러의 기계화 부대는 빠른 기동력으로 프랑스군의 약한 부분을 치고 들어왔다. 프랑스군은 순간 당황했고, 히틀러의 부대는 그 기회를 놓치지 않고 프랑스군을 무너뜨리기 시작했다.

|05| '터'를 뜻하는 기(基) : 기저, 기반, 기준

이 작품은 불교 사상을 기저에 깔고 있다고 본다. 작가의 학문이 성리학에 기반을 두고 있기는 하지만 이 작품에는 성리학적 가치관이 전혀 들어 있지 않다. 오히려 성리학의 가치 기준을 정면으로 비판하고 있다.

|06| '기이하다'를 뜻하는 기(奇) : 기발, 기괴, 기이, 기적

그가 만들어 낸 얼굴은 정말 기발하다 못해 기괴하기까지 했다. 아무도 그의 기이한 얼굴을 흉내 낼 수 없었다. 사람의 얼굴 표정이 저렇게 기괴할 수 있다니……. 정말 놀랍기만 하다. 1년 전만 해도 그는 표정이 없는 사람이었다. 그랬던 그가 천 가지 표정을 자유롭게 만들어 내는 경지에 이른 것은 정말 기적이다.

|07| '부치다'를 뜻하는 기(寄) : 기부, 기탁, 기고, 기증

가수 K씨는 기부 천사다. 자신이 벌어들이는 소득의 절반 이상을 기부한다. K씨는 무려 10억이나 되는 돈을 모교에 장학금으로 **기탁**하기도 했다. 얼마 전 K씨가 신문에 **기고**한 글은 장기 **기증**에 관한 폭발적인 관심을 불러일으켰다.

 ## 한

|01| '한계'를 뜻하는 한(限) : 한도, 극한, 권한, 한정

참는 것도 **한도**가 있다. 쥐도 **극한** 상황에 몰리면 고양이를 공격한다. 반장의 **권한**을 이용해 폭력을 휘두르는 것을 더 이상 참을 수 없다. 반장의 **권한**은 반을 평화적으로 이끄는 것에 **한정**되어 있다. 더 이상의 폭력은 거부한다. 내가 보내는 마지막 경고다.

|02| '차갑다'를 뜻하는 한(寒) : 한랭, 한파, 한기

시베리아 지방의 **한랭** 전선이 내려오면서 11월인데도 때이른 **한파**가 몰아쳤다. **한파**를 핑계로 친구들과 한 약속을 취소하고, 얼른 집으로 돌아왔다. 그런데 오랫동안 보일러를 틀지 않아서인지 집안에서 **한기**가 느껴졌다.

|03| '원통하다', '한스럽다'를 뜻하는 한(恨) : 원한, 한탄, 회한

M은 무슨 **원한**이 그리 많은지, 툭하면 다른 사람을 폭행하고 다녔다. M이 폭행을 할 때마다 M의 어머니는 자신이 자식을 잘못 키운 것이라며 **한탄**했다. 밤마다 M의 어머니는 그녀는 M이 어릴 때 돈벌이에만 눈이 멀었던 자신의 행동을 후회하며, **회한**의 눈물을 흘렸다.

정

|01| '정하다'를 뜻하는 정(定) : 정립, 한정, 정식

올바른 역사관을 정립하는 일은 단지 역사 교과서에만 한정되지 않습니다. 역사관을 올바로 세우는 것은 국가적 차원에서 진행해야 합니다. 따라서 국회에서 정식으로 이 문제를 다루어야 합니다.

|02| '다스리다'를 뜻하는 정(政) : 행정, 정치, 정책

신임 시장은 오랫동안 공무원 생활을 해서 행정 경험이 풍부했다. 신임 시장은 정치는 잘 몰랐시만 시민들에게 도움이 되는 정책을 펼쳐 큰 인기를 얻었다.

|03| '바르다'를 뜻하는 정(正) : 엄정, 정직, 정곡

글에 관한 평가는 엄정하게 이루어졌다. 사심 없이 정직하게 평가를 했다. 1등으로 뽑힌 K의 글은 정말 대단했다. 그의 글은 정곡을 찌른 듯 정확했다. 단 한 명의 예외도 없이 모든 심사 위원이 1등으로 꼽을 만큼 K의 글은 탁월했다.

|04| '곧다'를 뜻하는 정(貞) : 정숙, 정절, 정조

조선시대 여인들은 정숙해야 했다. 집안에서 큰 소리를 내어서는 안 되고, 예의에 어긋나는 일을 해도 안 되었다. 남편이 죽은 뒤에도 정절을 지키며 살아야 했다. 죽을 때까지 평생 정조를 지키면 열녀문을 세워 칭송하기도 했다.

|05| '뜻'을 의미하는 정(情) : 정취, 정보, 정황, 온정

몇 해 전 들렀던 때와 달리 시골스러운 정취는 전혀 느껴지지 않았다. 을용은 마을 사람들을 만나며 다양한 정보를 수집했다. 사람들을 만나고 난 뒤에 을용은 생각을 정했다. 여러 가지 **정황**으로 미루어 볼 때 동네 사람들을 무작정 몰아내기보다 일정한 보상을 해주는 방식으로 **온정**을 베푸는 것이 좋을 것 같았다.

 # 착

|01| '붙다'를 뜻하는 착(着) : 도착, 착수, 착지, 착용

토론토에 **도착**하자마자 김연지 선수는 훈련에 **착수**했습니다. 김연지 선수가 중점을 두는 훈련은 불안했던 **착지** 동작입니다. 실제 대회에 나갈 때 입는 옷을 **착용**한 채 지금 김연지 선수는 구슬땀을 흘리며 훈련에 임하고 있습니다.

|02| '섞이다'를 뜻하는 착(錯) : 착시, 착란, 착각, 착오

"보세요. 헷갈리죠? 이렇게 놓고 보니 **착시** 현상이 아주 심하죠?"

나는 눈앞에 놓인 그림을 들여다보았다. 정신 **착란**이 올까 걱정스러울 정도로 어지러운 그림이었다. 나는 그의 말에 동의할 수밖에 없었다.

"그러네요. 아무래도 이런 **착시** 현상 때문에 제가 **착각**한 것이 아닌가 싶네요."

"맞습니다. 많은 사람들이 이 그림을 보면서 **착오**를 일으키죠. 이제 **착오**인 것을 알았으니 바로 잡으면 된다고 생각합니다."

나는 **착시**에 의한 **착오**라는 점에는 동의했지만, 그렇다고 곧바로 실수를 인정하고 다른 방향으로 나아가기는 싫었다. 어찌해야할 것인지 고민스러웠다.

|03| '쥐어짜다'를 뜻하는 착(搾) : 착유기, 압착, 착취

"이것은 젖을 짤 때 쓰는 **착유기**가 아니라 기름을 짤 때 쓰는 **착유기**라네. 기름을 짤 때는 씨를 강하게 **압착**해야 해. 이 **착유기**는 매우 강한 압력으로 기름을

짜 낸다네. 마치 탐관오리가 백성을 **착취**하듯이 강하게. 하하하."

탐관오리의 **착취**라……. 나는 가슴이 덜컹 내려앉았다.

10

낙후落後 : 후사後事 : 사물事物

이야기 속
어휘

참 희한하다. 그렇게 졸리다가도 쉬는 시간이 가까워지면 정신이 말짱해지니 말이다. 수업이 끝나가서 다행이다 싶었는데 갑자기 수면제 선생님이 내 번호를 불렀다.

"15번!"

"네."

"담임 선생님 호출이다."

나는 가슴이 덜컥 내려앉았다. 분명 아침에 복장 불량으로 걸린 것 때문이리라. 반성문을 쓰고, 잔소리도 듣겠지만 그것이 걱정스러운 것은 아니다.

"처음에 찍히면 끝날 때까지 고생이야."

중학교 들어갈 때 누나가 겁을 주면서 했던 말이다. 그러니 이번 일이 문제가 아니라 앞으로 벌어질 뒷 일, 그러니까 후사가 더 걱정인 것이다. 찍히면 안 되는데……

나는 힘이 쭉 빠져서 교실문을 나섰다. 한숨이 절로 나왔다. 아랫입술을 쭉 내밀고 머리카락 쪽으로 바람을 내쉬었다. 내가 한숨 쉬는 습관이다. 그렇게 몇 번 한숨을 쉬었더니 안경이 뽀얗게 되었다. 나는 안경을 벗었다. 나는 안경을 벗으면 바로 앞에 있는 사물도 분간하지 못할 정도로 시력이 나쁘다.

안경을 다시 쓰고 터덜터덜 걸으니 교무실이다. 교무실은 교실과 달리 최신식이다. 우리 학교 건물은 척 보기에도 정말 낙후됐다. 어찌나 낡았는지 복도로 걸어가면 삐그덕, 삐그덕 소리가 계속 울린다. 유리창도 너무 낡아서 방음, 방풍 효과가 거의 없다. 사물함은 제대로 닫히는 것이 별로 없을 정도다. 그런데 교무실은 완전 최신식이다.

교무실 문 앞에 서서 괜히 교무실과 교실을 견주며 학교를 속으로 욕해보았지만 가슴만 더 쿵쾅거렸다. 야단맞을 생각을 하니 너무 떨렸다. 나는 조심스럽게 문을 열고 들어가 교무실 전체를 향해 무작정 인사를 하고 담임 선생님 책상 앞으로 갔다. 야단을 맞을까? 반성문을 써야 할까?

"어, 왔냐. 부탁이 있어서 불렀어. 너희 아빠가 도서관에서 일하신다고 하던데?"

"아! 아……, 네."

"이번에 우리 학교 도서관을 새롭게 고치라고 교육청에서 예산이 내려왔다. 그런데 우리가 도서관에 대해서는 잘 모르잖니? 그래서 너희 아빠에게 도움을 받고 싶은데. 이 서류 좀 아빠에게 전해줄래?"

나는 꾸벅 절을 드리고 기쁜 마음으로 서류 봉투를 받아 들고 나왔다. 어찌나 기쁘고 행복한지. 그때만큼 아빠가 고맙고, 낙후된 학교 시설이 그렇게 고마울 때가 없었다.

한자음 그물망

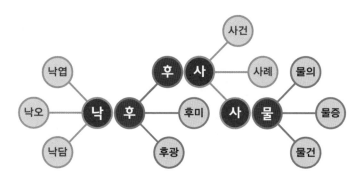

같은 음, 다른 뜻

낙

| '떨어지다'를 뜻하는 낙 (落) | 낙담, 낙오, 낙엽, 낙후, 낙뢰 |
| '즐거움'을 뜻하는 낙 (樂) | 낙관, 낙승, 낙원, 낙천 |

후

'뒤'를 뜻하는 후 (後)	후미, 후광, 후문, 후과
'두텁다'를 뜻하는 후 (厚)	농후, 중후, 후덕, 후생
'기후', '기다림'을 뜻하는 후 (候)	기후, 징후, 후보

사

'일'을 뜻하는 사 (事)	사항, 사건, 사례
'사회', '모임'을 뜻하는 사 (社)	창사, 사교(社交), 사설, 사원
'생각'을 뜻하는 사 (思)	사색, 사모, 사려, 사고(思考)
'죽음'을 뜻하는 사 (死)	참사, 사활, 사경
'역사'를 뜻하는 사 (史)	사적, 사료, 사관
'4'를 뜻하는 사 (四)	사해, 사방, 사계
'스승'을 뜻하는 사 (師)	의사, 사제, 사범
'조사하다'를 뜻하는 사 (查)	심사, 검사, 사찰
'개인'을 뜻하는 사 (私)	사복, 사석, 사견
'쏘다'를 뜻하는 사 (射)	사격, 발사, 반사

물

| '모든 물건'을 뜻하는 물 (物) | 오물, 물증, 산물, 물의 |

낙

|01| '떨어지다'를 뜻하는 낙(落) : 낙담, 낙오, 낙엽, 낙후, 낙뢰

패잔병을 이끌고 후퇴하던 장비는 군사를 확인했다. 장비는 크게 **낙담**했다. 너무 많은 군사가 **낙오**되어 따라오지 못했기 때문이다. 장비의 마음처럼 쓸쓸하게 **낙엽**이 흩날렸다. "**낙후**된 무기만 아니었다면 충분히 이길 수 있었을 텐데. 정말 분하다." 장비는 땅을 치며 아쉬워했다. 그때 갑자기 마른하늘이 번쩍하더니 **낙뢰**가 바로 옆 나무로 떨어졌다. 지쳐 있던 군사들은 깜짝 놀라 일제히 일어났다.

|02| '즐거움'을 뜻하는 낙(樂) : 낙관, 낙승, 낙원, 낙천

후보자 이제는 확실히 승리를 **낙관**합니다.

대변인 맞습니다. 후보님. 어제 언론 보도를 보니 모두들 우리가 **낙승**할 것이라고 했습니다.

후보자 당선된 뒤에, 우리 지상**낙원** 같은 멋진 도시를 만들어봅시다.

대변인 네, 그래야지요. 이 모든 것이 다 후보자님의 낙천적인 성격이 만들어 낸 결과라고 봅니다.

후보자 아닙니다. 저뿐만 아니라 우리 모두 희망을 버리지 않고 노력한 결과지요.

 # 후

|01| '뒤'를 뜻하는 후(後) : 후미, 후광, 후문, 후과

가장 후미에 따라오던 병사들 뒤로 환한 후광이 비쳤다. 당시에는 후미에 따라오던 병사들도 그 사실을 전혀 몰랐다는 후문이다. 그 전에 겪었던 충격파의 후과가 너무나 커서 모두들 정신을 차리지 못했기 때문에 후광을 인식하지 못한 것 같다.

|02| '두텁다'를 뜻하는 후(厚) : 농후, 중후, 후덕, 후생

비단 위에 펼쳐진 동양화는 농후한 색을 뽐냈다. 화려하면서도 중후한 글씨도 돋보였다. 후덕한 인심으로 백성들의 후생 복지를 향상시킨 그 분의 환한 미소가 그림을 가득 채우고 있었다.

|03| '기후', '기다림'을 뜻하는 후(候) : 기후, 징후, 후보

기후 변화가 급격하게 닥치면서 위기의 징후가 뚜렷해지고 있습니다. 위기의 대한민국을 구할 대통령 후보는 오직 한 분뿐입니다.

사

|01| '일'을 뜻하는 사(事) : 사항, 사건, 사례

선생님이 주의 **사항**을 말해줄게요. 여기는 위험한 **사건**이 많이 일어나요. 그러니
어디를 갈 때는 꼭 선생님께 말씀드리고, 여러 명이 함께 가야 해요. 몇 번의 **사례**
가 말해주듯 허락받지 않고 혼자 움직이다가는 큰일 나요. 알겠죠?

|02| '사회', '모임'을 뜻하는 사(社) : 창사, 사교(社交), 사설, 사원

목천 지역 신문이 **창사** 10주년을 맞이했다. 목천 지역 신문은 지역 주민의 단순
한 **사교** 모임에서 출발하였지만, 점차 발전하여 지역에 뿌리박은 신문으로 탈바
꿈했다. 목천 지역 신문은 오늘 **창사** 10주년 기념 **사설**에서 지역민들에게 감사의
인사를 전하면서, 동시에 그동안 고생을 함께 해 온 **사원**들에게도 고마움을 전
했다.

|03| '생각'을 뜻하는 사(思) : 사색, 사모, 사려, 사고(思考)

희연은 오랜 **사색** 끝에 결론을 내렸다. 더 이상 윤철을 **사모**하는 마음을 숨기지
않겠다고……. 다만 윤철이 처한 상황을 고려하여 **사려** 깊게 다가가겠다고…….
"어떤 결과를 빚을지 알면서도 그런 결심을 하셨나요?"
희연의 결심이 못내 걱정스러운 정철은 되도록 희연의 결심을 말리고 싶었다. 아
무래도 희연이 얕게 **사고**하고 내린 결론 같았기 때문이다. 그러나 희연은 단호
했다.
"잘 알고 있습니다. 깊은 **사색** 끝에 내린 결론입니다. 더 이상 후회는 없습니다."

|04| '죽음'을 뜻하는 사(死) : 참사, 사활, 사경

화재 참사가 벌어지자 119 대원들은 사활을 걸고 시민들을 구해냈습니다. 그러나 구해낸 시민들 중 열에 다섯은 가스를 너무 많이 마셔서 사경을 헤매는 중입니다. 화재 참사 현장에서 NITV 김윤지 기자입니다.

|05| '역사'를 뜻하는 사(史) : 사적, 사료, 사관

경주는 우리 문화 최고의 사적지입니다. 조선왕조실록은 최고의 사료입니다. 한국사를 연구하는 사관들에게 경주와 조선왕조실록은 말 그대로 역사 연구의 보물 창고나 다름없습니다.

|06| '4'를 뜻하는 사(四) : 사해, 사방, 사계

사해를 다 다녀보고, 사방을 둘러봐도 우리 고장만큼 사계절이 아름다운 곳은 없더라.

|07| '스승'을 뜻하는 사(師) : 의사, 사제, 사범

"두 사람은 어떤 관계인가?"

의사 선생님이 조용히 물었다.

"사제지간입니다."

나도 조용히 대답했다.

"스승과 제자 사이라……. 그럼 이 분은 자네 학교 선생님이신가?"

"아닙니다. 저의 태권도 사범이십니다."

내 말을 듣자 의사 선생님의 눈이 휘둥그레졌다.

|08| '조사하다'를 뜻하는 사(査) : 심사, 검사, 사찰

서류 **심사** 과정을 꼼꼼히 살피는 등 10일 동안 치밀하게 **검사**했지만 법에 어긋나는 점은 전혀 발견할 수 없었다. 이번 **사찰**은 실패하는 듯 보였다.

|09| '개인'을 뜻하는 사(私) : 사복, 사석, 사견

경찰복을 벗고 **사복**으로 갈아입은 뒤에야 그를 **사석**에서 만날 수 있었다. 그는 경찰청의 공식 의견과 달리 **사견**임을 밝히면서 "이번 일이 아무래도 경찰의 실수인 것 같다"라고 말했다.

|10| '쏘다'를 뜻하는 사(射) : 사격, 발사, 반사

"일제히 **사격**하라!"

명령이 떨어지자 궁수들이 일제히 화살을 **발사**했다. 화살은 하늘을 가득 매웠다. 피할 곳은 없어 보였다. 마법사가 화살에 맞아 죽는 것은 명확해보였다. 그러나 마법사가 손을 한 번 뒤흔들자 마치 거울에 **반사**되는 빛처럼 모든 화살이 **반사**되어 궁수 쪽으로 날아왔다.

 물

|01| '모든 물건'을 뜻하는 물(物) : 오물, 물증, 산물, 물의

지저분한 **오물** 사이로 범죄의 **물증**이 끝없이 쏟아져 나왔다. 모두 불법 쓰레기 투기의 **산물**이었다. K 기업은 예전에도 **오물**을 불법으로 버리다 들통이 나서 **물의**를 일으킨 적이 있었다.

11
난관難關 : 관여關與 : 여야與野

아빠는 여당도 야당도 아니다. 아빠는 늘 중립이다. 아빠는 정치 이야기를 할 때마다 항상 **여야** 사이에서 중립을 취하며 양쪽 모두를 비판하는 편이다. 나도 비슷하다. 나는 어느 누구 편을 들기보다 중립을 좋아한다. 솔직하게 이야기하면 어느 쪽도 관여하기 싫은 마음이 더 크다. 괜히 관여했다가 귀찮은 일에 휘말리기 싫기 때문이다. 그래서 그런지 나는 초등학교 때부터 친구가 많지 않았다. 여야 모두에 속하지 않으면 소속감은 줄어들지만 마음은 더 편하다. 이러저러한 일에 관여하지 않으니 귀찮은 일도 별로 없다. 아무래도 아빠나 나나 성격이 비슷한 것 같다.

그런데 이런 중립적인 태도를 계속 유지할 수 없는 난관에 부딪치고 말았다. 바로 현호 때문이다. 현호는 자기 일이 아닌데도 이일저일 관여하는 것을 정말 좋아한다. 한 마디로 마당발이다. 어찌나 간섭이 심한지 귀찮을 때가 한두 번이 아니다. 물론 마음은 착해서 나쁘게 행동하지는 않지만 귀찮은 것만은 분명하다.

"야, 그만 나대라."

이 말이 출발이었다.

우리 반에서 제법 싸움을 잘하는 혁규가 현호에게 쏘아붙인 것이다. 현호는 그 자리에서는 웃고 넘어갔지만 이를 갈았다. 결국 마당발 현호는 자기편을 최대한 많이 끌어들여서 혁규를 왕따시키려고 했다.

반면에 혁규는 강한 주먹을 앞세워 자기편을 만들었다. 이러다 보니 15명밖에 안 되는 남자아이들이 둘로 완전히 쪼개지고 말았다. 딱 나만 빼고. 나는 현호랑 친하기는 했지만 현호 편에 가담하지도 않았다. 그렇다고 혁규 편도 아니었다. 나는 어디까지나 중립이었다. 그런데 점점 압력이 강해졌다. 어느 쪽이든 가담해야 하는 상황이 닥쳤다. 그래서 난관이라고 한 것이다.

쉬는 시간, 현호가 또다시 나에게 압력을 가했다. 확실하게 편을 들라는 것이다. 중립은 비겁하다면서 나를 비난했다. 나는 또다시 한숨을 쉬었다. 도대체 어쩌란 말인지…… 중학교 생활이 왜 이렇게 힘든지 모르겠다. 하나의 난관을 넘어가면 또 다른 난관이 기다리니…… 삼국지의 관우처럼 오관돌파라도 해야 하나!

한자음 그물망

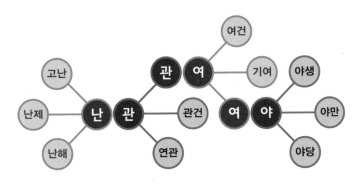

같은 음, 다른 뜻

난
'어려움'을 뜻하는 난 (難)	난해, 난제, 난관, 고난
'어지럽다'를 뜻하는 난 (亂)	난립, 난리, 난무, 난맥
'따뜻하다'를 뜻하는 난 (暖)	난류, 온난, 난방
'알'을 뜻하는 난 (卵)	포란(抱卵), 난소, 계란

관
'관계하다'를 뜻하는 관 (關)	관여, 관건, 연관, 무관
'벼슬'을 뜻하는 관 (官)	관직, 관료, 관리
'집'을 뜻하는 관 (館)	박물관, 개관
'보다'를 뜻하는 관 (觀)	관조, 방관, 관망
'너그럽다'를 뜻하는 관 (寬)	관용, 관대

여
'더불어', '주다'를 뜻하는 여 (與)	여건, 기여(寄與), 여탈, 부여, 여부
'여자'를 뜻하는 여 (女)	여식, 여권(女權), 여성
'남다'를 뜻하는 여 (餘)	여파, 여유, 여력, 여지
'같다'를 뜻하는 여 (如)	결여, 여전, 여간, 여차

야
'들', '바깥'을 뜻하는 야 (野)	야만, 야당, 야생, 여야
'밤'을 뜻하는 야 (夜)	야간, 심야, 야경

난

|01| '어려움'을 뜻하는 난(難) : 난해, 난제, 난관, 고난

문제가 너무 **난해**했다. 너무 어려웠다. 정말 **난제** 중의 **난제**였다. 현섭은 '**난관**은 극복하기 위해 존재한다'는 신념이 있다. 현섭은 문제를 뚫어지게 쳐다보며 고민하고, 또 고민했다. 그렇게 고민하기를 3시간, 어느 순간 풀이법이 떠올랐다. **고난** 끝에 복이 온다더니 어렵던 문제가 풀리자, 큰 기쁨이 몰려왔다.

|02| '어지럽다'를 뜻하는 난(亂) : 난립, 난리, 난무, 난맥

진시황의 억압에 눌려 있던 사람들은 곳곳에서 반란을 일으켰다. 너무 많은 반란이 한꺼번에 일어나면서 전국적으로 반란군이 **난립**했다. 갑작스러운 **난리**에 진나라 권력자들은 어찌할 바를 몰랐다. 반란군을 진압해야 할 진나라 군대 내에서는 **난리**를 이용해 서로 권력을 장악하려고 온갖 비방과 음모가 **난무**했다. 진나라 군대는 지휘 체계의 **난맥**이 여실히 드러나면서 아무런 대응도 하지 못했다.

|03| '따뜻하다'를 뜻하는 난(暖) : 난류, 온난, 난방

서유럽은 멕시코 앞 바다에서 따뜻한 기운을 가득안고 흘러온 **난류** 덕택에 우리 나라보다 북쪽에 위치하고 있어도 **온난**하다. 바닷가 마을은 겨울철에도 웬만하면 **난방**을 하지 않아도 될 정도라니 멕시코 **난류**가 서유럽에는 축복인 셈이다.

|04| '알'을 뜻하는 난(卵) : 포란(抱卵), 난소, 계란

"**포란**이라니? 그것이 무슨 말이에요?"

"암탉이 알을 품는 것을 말해."

"그럼 처음부터 쉽게 얘기하지, 왜 그렇게 어려운 한자말을 써요?"

"허허, 그러게! 그것이 습관이 돼서."

나도 삼촌을 따라 그냥 웃고 말았다.

나는 요즘 시골에 내려와 있다. 한 달 전, 아랫배가 이상해서 병원에 갔는데 **난소**에 **계란** 만한 혹이 있다고 했다. 수술로 혹을 제거한 뒤에는 더 이상 일을 하기 힘들었다. 나는 직장을 그만두고 시골에 사시는 삼촌 집으로 내려왔다.

 관

|01| '관계하다'를 뜻하는 관(關) : 관여, 관건, 연관, 무관

분명 모두가 이번 일에 자신은 **관여**하지 않았다고 발뺌할 것입니다. 이런 상황에서 **관건**은 어떤 사람이 이번 사건과 **연관**이 있고, 어떤 사람이 **무관**한지를 밝히는 것입니다.

|02| '벼슬'을 뜻하는 관(官) : 관직, 관료, 관리

고시에 합격한 뒤 관직에 나간 막내아들은 단 10년 만에 경제부 최고위급 관료가 되었다. 막내아들은 고시에 같이 합격한 동기 중에서 직위가 가장 높은 관리였다.

|03| '집'을 뜻하는 관(館) : 박물관, 개관

박물관을 개관하다.

|04| '보다'를 뜻하는 관(觀) : 관조, 방관, 관망

"관조와 방관은 다르네. 자네는 지금 방관하고 있어."

"저를 방관자로 취급하시는 군요."

"관조는 고요한 마음으로 바라보는 것이요, 방관은 간섭하기 싫어서 그냥 내버려두는 것일세. 자네는 지금 엮이는 것이 싫어서 피하고 있는 것이 아닌가?"

"저는 그저 한 발짝 뒤에 물러서서 일이 어찌 되는지 관망할 따름입니다."

"관망이든 관조든, 이제 그만하고 나서란 말일세. 언제까지 보고만 있을 것인가?"

|05| '너그럽다'를 뜻하는 관(寬) : 관용, 관대

관용은 나와 생각이 다른 사람도 관대하게 인정하는 마음이다.

 여

|01| '더불어', '주다'를 뜻하는 여(與) : 여건, 기여(寄與), 여탈, 부여, 여부

영락제가 불리한 상황에 처했음에도 그는 영락제에게 충성을 바쳤고, 불리한 여건에서도 영락제가 황제에 오르는 데 결정적인 **기여**를 했다. 황제에 오른 영락제는 그에게 죄인들의 생사여탈권을 모두 **부여**했다. 막강한 권력을 움켜 쥔 그는 꼼꼼히 사실 **여부**를 확인해 죄인들을 가려냈다.

|02| '여자'를 뜻하는 여(女) : 여식, 여권(女權), 여성

"제 **여식**이 그렇게 대단한 일을 했습니까?"

유 영감은 감격에 겨워 물었다.

"네. 정말 대단한 일을 했죠. **여권**이라고는 찾아볼 수 없었던 우리나라에 **여성**의 권리를 남성과 똑같이 보장하는 법을 만들었으니까요."

|03| '남다'를 뜻하는 여(餘) : 여파, 여유, 여력, 여지

국제 금융 시장이 흔들리면서 그 **여파**로 우리나라에도 어려움이 닥치고 있습니다. 정부도 **여유** 자금이 부족해지면서 더 이상 기업들을 도울 **여력**이 없다고 밝혔습니다. 다만 정부는 사회적으로 큰 영향을 끼치는 기업일 경우, 지원할 수도 있다는 **여지**는 남겨두었습니다. 이상 NITV 김윤지였습니다.

|04| '같다'를 뜻하는 여(如) : 결여, 여전, 여간, 여차

윤정이는 성적은 올랐지만 착한 마음이 **결여**된 것은 **여전**했다. 나는 **여간**해서는 다른 사람의 성격을 두고 뭐라고 하지 않는 편이지만, 윤정이 성격은 참 견디기 힘들었다. 그래서 나는 **여차**하면 한판 붙겠다고 결심했다.

야

|01| '들', '바깥'을 뜻하는 야(野) : 야만, 야당, 야생, 여야

야만적인 독재 정권에 맞서는 **야**당은 **야**생에서 살아남아야 하는 동물처럼 철저해야 한다. 독재 정권 아래서 **여야** 관계는 늘 적대적일 수밖에 없다.

|02| '밤'을 뜻하는 야(夜) : 야간, 심야, 야경

야간에 경비로 일하는 할아버지는 **심야**의 서울 **야경**이 멋있다면서 그 맛에 밤을 세워 일해도 전혀 힘들지 않다고 말했다.

12

남발濫發 : 발동發動 : 동원動員

체육 선생님은 키가 크고 멋있게 생겼다. 우리 학교 여자 애들 중 상당수가 체육 선생님을 좋아한다. 아마 운동선수가 되었어도 인기가 많았을 것이다. 하지만 수업을 몇 번 받고 나면 그런 생각이 싹 가신다. 하긴, 여자 애들은 안 그럴지도 모르겠다. 체육 선생님은 남자들을 정말 차별하고, 여자들만 대접해주니까…… 하지만 남자 선생님들 대부분이 그러니까 그러려니 한다.

내가 체육 선생님을 진짜 싫어하는 이유는 다음 세 가지 때문이다.

첫째, 체육 선생님은 약속을 너무 **남발**한다. 아무 때나 약속을 하고는 잘 지키지 않는다. 도대체 선생님이 자기가 한 약속을 왜 그렇게 자주 까먹는지 모르겠다. 안 지킬 것이라면 약속을 **남발**하지나 말든지…… 다음 시간에는 실컷 놀게 해주겠다고 해 놓고, 정작 그 다음 주가 되면 까먹고 다른 것을 시키고…… 아이들이 좋아하는 운동 용품을 구입해 달라고 하면 다 사준다고 해 놓고는 전혀 사주지도 않는 등 약속을 어긴 것이 한두 번이 아니다. 그래서 아이들은 체육 선생님이 무슨 말을 하면 잘 믿지 않는다.

둘째, 체육 선생님은 평소에는 괜찮다가 발동이 걸리면 무진장 심하게 운동을 시킨다. 한번은 몇몇 남자 아이들이 떠들었다는 이유로 운동장을 10바퀴나 돌아야 했고, 어떤 때는 줄넘기를 500번이나 해야 했고, 어떤 때는 뜀틀을 20번은 넘어야 했다. 정말 체육 선생님이 발동이 걸리면 우리 몸은 거의 초죽음이 된다.

셋째, 체육 선생님은 남자애들만 동원해서 이일저일을 많이 시킨다. 그것도 점심시간에……. 나도 서너 번 점심시간에 체육 선생님께 걸려서 학교 담 주변과 체육실을 청소한 적이 있다. 아무런 이유도 없이, 잘못도 안 했는데 강제로 학생들을 동원해서 일을 시키는 것은 정말 싫다.

아무튼 나는 이런 이유로 체육 선생님을 싫어한다. 뭐 원래 내가 체육을 잘 못하기 때문이기도 하지만 내가 싫어하는 요소는 다 갖추었기 때문에 더욱 싫어한다. 그런데 민지를 좋아하고 나서부터 걱정이 생겼다. 우리 반 여자 애들은 운동 잘하는 남자를 좋아하기 때문이다. 혹시나 민지도 그런가 싶어서 자꾸 신경이 쓰였다. 체육 시간에 민지 때문이라도 좀 열심히 해야겠다고 결심했다.

한자음 그물망

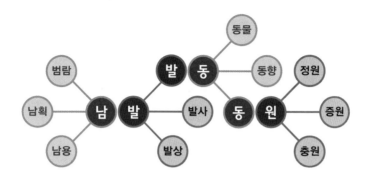

같은 음, 다른 뜻

남
'넘치다', '함부로 하다'를 뜻하는 남 (濫)	범람, 남획, 남용, 남발
'남쪽'을 뜻하는 남 (南)	남침, 남하, 남반구
'남자'를 뜻하는 남 (男)	남편, 추남, 남자

발
'쏘다', '보내다'를 뜻하는 발 (發)	유발, 적발, 발휘, 발상, 발동
'뽑다'를 뜻하는 발 (拔)	선발, 발군, 발췌, 발탁

동
'움직이다'를 뜻하는 동 (動)	동향, 태동, 동원, 동요, 동기
'동쪽'을 뜻하는 동 (東)	동궁, 동방, 동이
'한 가지'를 뜻하는 동 (同)	동포, 동료, 동참, 동맹
'아이'를 뜻하는 동 (童)	동요, 아동, 동화
'골짜기', '동굴'을 뜻하는 동 (洞)	동굴, 공동화, 동사무소

원
'수효', '사람'을 뜻하는 원 (員)	정원, 증원, 충원, 감원
'근원'을 뜻하는 원 (原, 源)	발원, 어원, 원칙, 원료
'으뜸', '처음'을 뜻하는 원 (元)	원로, 원흉, 원형, 복원, 환원
'담장', '집'을 뜻하는 원 (院)	병원, 개원, 원장, 원생
'동그라미'를 뜻하는 원 (圓)	일원, 원만, 원활, 타원

문맥으로 이해하기

 남

|01| '넘치다', '함부로 하다'를 뜻하는 남(濫) : 범람, 남획, 남용, 남발

요즘에는 별의별 애완동물을 다 기른다. 말 그대로 애완동물이 **범람**하는 사회다. 멸종 위기에 처한 동물들까지 **남획**하여 애완동물로 기르는 사람도 있다고 하니 정말 심각하다. 인간이 힘이 강하다고 모든 동물을 애완동물로 만들어 기르는 것은 인간이 지닌 힘을 **남용**하는 것이다. 애완동물이 지나치게 느는 것은 사랑을 **남발**하는 사회에서 진정으로 사랑할 사람을 찾지 못하는 사람들이 늘어난다는 증거가 아닐까?

|02| '남쪽'을 뜻하는 남(南) : 남침, 남하, 남반구

북한은 6월 25일 새벽에 전면적인 **남침**을 감행했다. 북한군은 물밀듯이 **남하**해 3일 만에 서울을 점령했다. UN 회원국인 호주는 저 멀리 **남반구**에 위치해 있음에도 우리나라를 돕기 위해 군대를 파견했다.

|03| '남자'를 뜻하는 남(男) : 남편, 추남, 남자

윤희의 **남편**은 정말 **추남**이다. 윤서는 예쁜 윤희가 저렇게 못생긴 **남자**를 남편으로 맞아들인 이유를 이해하지 못했다.

 # 발

|01| '쏘다', '보내다'를 뜻하는 발(發) : 유발, 적발, 발휘, 발상, 발동

교통 정체를 **유발**하는 원인을 밝히기 위해 김 순경은 현장으로 출동했다. 김 순경은 교통질서를 지키지 않는 운전자를 수십 명이나 **적발**했다. 교통 법규 위반이 교통 정체의 원인이었다. 김 순경은 그 뒤로 여러 번 출동했고, 김 순경이 보이면 운전자들은 신호를 잘 지켰다. 그러나 날마다 김 순경이 출동할 수는 없었다. 김 순경은 기지를 **발휘**해 경찰관 복장을 한 인형을 잘 보이지 않는 곳에 세워두기로 했다. 정말 기막힌 **발상**이었다. 언제쯤 김 순경이 출동할까 레이더를 **발동**하고 다니던 운전자들은 풀숲으로 살짝 보이는 인형을 김 순경으로 알고 신호를 어기지 않았다.

|02| '뽑다'를 뜻하는 발(拔) : 선발, 발군, 발췌, 발탁

"이번에 **선발**한 학생들은 말 그대로 **발군**의 실력을 갖추었습니다."
"김 선생이 그렇게 말하니 어디 한 번 시험해볼까요? 학생, 이 글에서 가장 핵심적인 문장 세 개만 **발췌**해보세요."
교장 선생님이 부른 학생은 김신주였다. 김신주는 빠르게 글을 읽더니 정확하게 세 문장을 뽑아냈다.
"오, 정말 뛰어난 학생들만 **발탁**한 모양이네요. 이번에야말로 이길 수 있겠어요."

동

|01| '움직이다'를 뜻하는 동(動) : 동향, 태동, 동원, 동요, 동기

요즘 태교 음악 시장의 동향을 소개하겠습니다. 태교 음악이 처음 태동했던 몇 해 전에 비해 시장 규모가 매우 커졌습니다. 태교 음악 시장이 갈수록 커지면서 많은 음반사들이 진출했으며, 대규모 자금을 동원하여 광고를 하기도 합니다. 태교 음악에서 가장 빠르게 확장되고 있는 분야는 팝송입니다. 클래식만 고집하던 산모들도 영어 태교가 효과가 크다는 광고에 동요되어 팝음악을 많이 구입합니다. 엄마들은 내 아이가 더 똑똑하기를 바라는 동기에서 태교 음악을 들려주기 때문에 팝송이 태교 음악의 대세가 되는 것은 시간 문제라고 봅니다.

|02| '동쪽'을 뜻하는 동(東) : 동궁, 동방, 동이

"동궁."

"내, 전하."

"중국은 자신들의 동방에 위치한 우리를 동쪽의 오랑캐라 하여 동이라 부르며 깔보았다. 이를 어찌 생각하느냐?"

세자는 왕이 질문한 뜻을 헤아리느라 잠시 머뭇거렸다.

"동궁은 왜 대답을 선뜻 못하는고? 어찌 생각하느냐?"

|03| '한 가지'를 뜻하는 동(同) : 동포, 동료, 동참, 동맹

사할린 동포의 조국 방문을 위한 법 개정 운동에 우리 회사의 동료들도 동참했다. 내가 속한 단체의 활동이 언론의 주목을 끌자, 다른 단체들도 우리 단체와 동맹을 맺고 다 함께 법 개정 운동을 벌였다.

|04| '아이'를 뜻하는 동(童) : 동요, 아동, 동화

동요는 아동을 위한 음악이요, 동화는 아동을 위한 소설이다.

|05| '골짜기', '동굴'을 뜻하는 동(洞) : 동굴, 공동화, 동사무소

동굴은 구멍이 뻥 뚫려 있다. 도시 공동화란, 동굴의 구멍이 뚫리듯 한밤중이 되면 도시 한복판이 텅 비는 현상을 말한다. 도심에는 사무실과 쇼핑센터 등이 밀집해 있어 낮에는 사람이 많지만, 밤에는 시민들이 자신들의 집으로 썰물처럼 빠져나가 텅 비게 된다. 도심의 동사무소에 가서 확인해보면, 거주 인구가 날로 줄어드는 것을 확인할 수 있다.

원

|01| '수효', '사람'을 뜻하는 원(員) : 정원, 증원, 충원, 감원

어떤 대학교는 지원자가 많아 현재 정원보다 더 많은 학생을 뽑게 해달라고 증원을 신청한다. 반면에 어떤 학교는 정원을 제대로 충원하지 못해 학생 모집 인원이 감원되기도 한다. 이제 대학교에도 빈익빈 부익부 현상이 나타나는 것일까?

|02| '근원'을 뜻하는 원(原, 源) : 발원, 어원, 원칙, 원료

우리말은 알타이 지방에서 발원하였다. 몽골어, 터키어, 일본어, 만주어, 한국어는 알타이어를 어원으로 하기 때문에 비슷한 특징이 있다. 단어의 순서를 배치하는 원칙이 비슷하고, 모음 조화와 두음 법칙처럼 발음법도 비슷하다. 물론 원료가 같더라도 전혀 다른 제품이 될 수 있는 것처럼 같은 알타이어라고 하더라도 차이는 많다.

|03| '으뜸', '처음'을 뜻하는 원(元) : 원로, 원흉, 원형, 복원, 환원

한국사를 전공한 **원로** 학자 중 일부는 일제의 식민사관을 바탕으로 우리 역사를 왜곡하는 데 앞장선 **원흉**들이다. 그들은 우리 역사의 **원형**을 크게 비틀어 버렸다. 오늘날 한국사학자들은 친일 역사학자들이 망쳐 놓은 우리 역사의 본 모습을 **복원**하고, 민족의 역사를 올바른 길로 **환원**시켜야 할 의무가 있다.

|04| '담장, '집'을 뜻하는 원(院) : 병원, 개원, 원장, 원생

우리 어린이집에 아이를 보내는 학부모 한 분이 **병원**을 **개원**했다. 그 분은 **병원 원장**이었기 때문에 우리 어린이집에 다니는 **원생**들을 모두 무료로 진료해주었다.

|05| '동그라미'를 뜻하는 원(圓) : 일원, 원만, 원활, 타원

사장 (등을 두드리며) 이제 당신도 우리 회사의 **일원**이 되었으니 일이 **원만**하게 되도록 힘써주세요.

현수 (고개를 숙이며) 알겠습니다. 열심히 노력해서 모든 사업이 **원활**하게 마무리되도록 하겠습니다.

사장 좋습니다. 기대하지요. (설계도를 꺼내어 책상에 펼쳐 놓는다.) 여기 보세요. 여기 **타원**형 건물이 있죠. 이 건물이 이 지역 개발의 중심입니다.

13

냉엄冷嚴 : 엄단嚴斷 : 단절斷絕

체육 시간, 선생님은 발야구를 한다고 했다.

"이긴 팀은 바로 들어가서 쉬지만, 지면 알지?"

선생님의 **냉엄**한 목소리에 우리는 긴장했다. 지면 최소한 운동장 다섯 바퀴다. 일단 팀을 나눴다. 남자들은 말을 하지 않아도 현호와 혁규 팀으로 쪼개졌다. 나는 어디로 가야할지 고민스러웠다. 내가 눈치를 보는데 현호가 내 손을 잡아 끌었다.

여자들은 가위바위보를 하더니 팀을 나눴다. 나는 민지가 우리 팀으로 오기를 간절히 바랐지만 반대 팀이 되고 말았다. 발야구 경기를 위해 팀을 나눴을 뿐이지만 나는 민지와 **단절**된 느낌을 받았다. 사람을 좋아하면 이런 느낌이 드는 것이 자연스러운 것인가 보다.

우리 팀이 먼저 공격했다. 내 앞에서 우리 팀이 2점을 얻었고, 투아웃에 주자가 2, 3루에 있었다. 상대팀이 공을 굴려 주었다. 나는 뻥 찼다. 공은 1루를 벗어났다. 파울! 다시 찼다. 이번에는 파울 라인을 넘지 못했다. 투 스트라이크. 마지막 공은 제대로 차려고 신경을 곤두세웠다. 그래서 힘껏 찼다. 아니 이런! 공이 불규칙 바운드가 됐고, 나는 헛발질을 하고 말았다. 아! 창피해. 나는 아웃이 되었다는 것보다 민지 앞에서 창피한 모습을 보인 것이 더 가슴 아팠다.

나는 수비에서도 엉망이었다. 내야는 여자들이 수비를 맡았고, 외야는 남자들이 맡았다. 나는 2루를 책임졌다. 한 번은 나한테 정통으로 공이 날아왔다. 나는 정말 잘 잡으려고 애썼지만 공은 내 가슴을 맞고 멀리 튕겨 나가 버렸다. 다음에는 여학생이 찬 공을 여자애가 잡아서 나에게 던져줬는데, 또 놓치고 말았다. 마음은 잘하고 싶었지만 현실은 냉엄했다. 나는 정말 운동을 못한다.

"야, 우리 편."

혁규가 놀려냈다.

현호를 비롯한 다른 남자애들이 나를 노려봤다.

"야, 너 때문에 지잖아. 저런 스파이 같은 녀석은 엄단에 처해야 해."

그때 선생님이 버럭 소리를 질렀다.

"어떤 녀석이 스파이 운운하는 거야. 운동은 운동일 뿐이야. 또 한 번 그런 말을 하면 혼날 줄 알아."

휴, 이럴 때는 체육 선생님이 구원자다. 하지만 별로 반갑지 않다. 선생님이 날 감싸고돌면 아이들과 단절되기만 할 테니까……. 아무튼 경기는 우리가 아슬아슬하게 졌고, 우리는 운동장 다섯 바퀴를 돌았다. 그나마 민지가 운동장을 돌지 않은 것이 정말 다행이다.

한자음 그물망

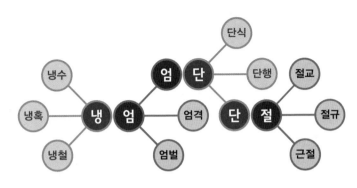

같은 음, 다른 뜻

냉　'차갑다'를 뜻하는 냉 (冷)　｜　냉혹, 냉엄, 냉정, 냉철, 냉수

엄　'엄하다'를 뜻하는 엄 (嚴)　｜　엄격, 엄벌, 엄밀, 엄단, 엄중

단
'끊다'를 뜻하는 단 (斷)　｜　판단, 단죄, 단절, 단행, 단식
'둥글다'를 뜻하는 단 (團)　｜　단체, 단결, 집단
'하나'를 뜻하는 단 (單)　｜　단층, 단조, 단선, 단어
'층계'를 뜻하는 단 (段)　｜　일단락, 단계, 단락, 특단
'끝', '한계'를 뜻하는 단 (端)　｜　첨단, 단서, 단초, 폐단
'짧음'을 뜻하는 단 (短)　｜　단견, 단편, 단축
'붉다'를 뜻하는 단 (丹)　｜　단풍, 단장, 단청

절
'끊다'를 뜻하는 절 (絕)　｜　절교, 절대, 근절, 절규
'끊다'를 뜻하는 절 (切)　｜　절실, 절박, 간절, 적절
'꺾다', '자르다'를 뜻하는 절 (折)　｜　좌절, 절반, 절충
'마디'를 뜻하는 절 (節)　｜　절기, 절약, 절감, 절차
'훔치다'를 뜻하는 절 (竊)　｜　절취, 절도, 표절

문맥으로 이해하기

 냉

|01| '차갑다'를 뜻하는 냉(冷) : 냉혹, 냉엄, 냉정, 냉철, 냉수

현실은 **냉혹**했다. 현수는 **냉엄**한 현실 앞에 눈물을 흘렸다. 평소에 따뜻했던 K는 막상 현수가 실수를 하자 **냉정**하게 현수를 내쳤다. 가만히 생각해보니 K는 평소 에도 **냉철**하게 일을 처리하는 경우가 많았다. 그때 알아봤어야 했다. 현수는 집 에 오자마자 얼음을 넣은 **냉수**를 들이켰다. **냉수**가 목을 넘어가자 **냉혹**한 자신 의 현실과 맞물려 온몸이 얼어붙는 것 같았다.

 엄

|01| '엄하다'를 뜻하는 엄(嚴) : 엄격, 엄벌, 엄밀, 엄단, 엄중

K는 정말 **엄격**했다. 그는 작은 위법 행위도 봐주지 않고 **엄벌**에 처했다. 그는 남

128   국어 어휘력 만점공부법, 시작은 〈한자〉다

들 몰래 **엄밀**하게 뒷조사를 하는 것을 즐겼는데, 위법 행위를 발견하면 "범법자는 **엄단**해야 한다"면서 단호하게 처벌했다. 길수는 이번에 K로부터 단지 "**엄중**히 경고한다"는 말만 들은 것을 다행으로 여겼다. 현수가 받은 처벌에 비하면 자신은 정말 다행이었다.

단

|01| '끊다'를 뜻하는 단(斷) : 판단, 단죄, 단절, 단행, 단식

K는 누군가 잘못했다는 판단이 들면 인정사정 보지 않고 단죄하는 것이 더 큰 범죄를 단절시키는 가장 좋은 방법이라고 믿었다. 그래서 현수를 내치는 것이 가슴 아팠지만 현수에 대한 처벌을 단행한 것이다. 겉으로 보기에 K는 냉혹하지만 속은 한없이 약한 사람이었다. 현수를 처벌한 뒤 K는 3일 동안 물만 먹고 지낼 정도로 힘들어 했다. 3일 뒤 그는 마치 10일은 단식한 사람처럼 핼쑥했다.

|02| '둥글다'를 뜻하는 단(團) : 단체, 단결, 집단

K가 이끄는 단체는 늘 단결이 잘되었다. 그는 자신을 버리고 집단을 위해 희생할 줄 아는 사람이었다.

|03| '하나'를 뜻하는 단(單) : 단층, 단조, 단선, 단어

K는 재산이 많음에도 작고 아담한 단층집에서 살았다. 그는 아무런 변화가 없는 단조로운 삶을 즐겼다. 자를 대고 연필로 단선을 긋듯이 가정에서 지내는 K의 삶은 한결 같았다. 그가 집에서 쓰는 단어는 10개도 넘지 않았다. 가정에서 K와 사회에서 K는 완전히 달랐다.

|04| '층계'를 뜻하는 단(段) : 일단락, 단계, 단락, 특단

K가 현수를 처벌한 뒤에 사건은 **일단락**되는 듯했다. 그러나 1단계가 끝나면 2단계가 다가오고, 한 **단락**이 끝나면 다음 **단락**이 이어지듯 또 다른 사건이 터졌다. 이번에는 길수였다. 지난번에 그냥 엄중 경고만 하고 넘어간 것이 실수였다. K는 이번에야 말로 **특단**의 조치를 취해야겠다고 결심했다.

|05| '끝', '한계'를 뜻하는 단(端) : 첨단, 단서, 단초, 폐단

길수는 **첨단** 기술을 중국에 넘기려고 했다. 길수는 현수가 쫓겨난 것을 보고, 자신도 언젠가 쫓겨날 수 있다는 생각을 했다. **첨단** 기술을 몰래 팔고 회사를 그만 두겠다고 결심한 것이다. 그러나 길수는 K를 너무 만만히 봤다. K는 길수가 우연히 남긴 컴퓨터의 작은 **단서**를 놓치지 않았다. K는 그것을 **단초**로 조사에 들어갔고, 이내 길수가 중국에 **첨단** 기술을 팔아넘기려고 한다는 사실을 밝혀냈다. 길수의 범죄 행위를 적발한 K는 이번에야말로 회사에 널리 퍼진 **폐단**을 완전히 뿌리뽑겠다고 결심했다.

|06| '짧음'을 뜻하는 단(短) : 단견, 단편, 단축

"제 **단견**으로는 당신이 너무 **단편**적으로 문제에 접근하는 것 같아요."

"**단편**적?"

"사람들이 나쁜 짓을 하는 것은 여러 가지 복잡한 이유가 있어요. 복잡한 문제를 너무 단순하게, **단편**적으로 접근하면 오히려 문제가 꼬일 수 있지요."

"말 그대로 **단견**이군."

"휴, 그래요. 제 짧은 생각일 수도 있죠. 하지만 아무래도 이번에 당신이 폐단을 완전히 뿌리뽑겠다고 한 것은 회사의 운명을 **단축**시킬지도 모를 위험한 결정이라는 것을 알기 바래요."

|07| '붉다'를 뜻하는 단(丹) : 단풍, 단장, 단청

K는 그 자리에서는 아내의 충고를 무시했지만 깊은 고민에 빠졌다. K는 머리도 식힐 겸, 아내와 함께 **단풍** 구경을 가기로 했다. 아내는 예쁘게 **단장**하고 K를 따라 나섰다. K는 차를 몰고 오랜 **단청**이 아름다운 절로 **단풍** 구경을 떠났다.

 # 절

|01| '끊다'를 뜻하는 절(絕) : 절교, 절대, 근절, 절규

가을 단풍이 아름다운 사찰의 뒷길은 화려하면서도 푸근했다.

"나는 학생 때부터 아무리 친한 친구라도 큰 잘못을 하면 바로 **절교**했어. 단 한 번의 실수도 **절대** 인정하지 않았지."

K가 중얼거리듯 말했다.

"저도 가끔은 당신의 단호함 때문에 숨이 막혀요."

"나는 그것이 주위 사람들의 잘못을 **근절**할 수 있는 가장 좋은 방법이라고 믿었어."

"너무 냉혹해요."

"한 번은 도시 재개발 사업을 하는데 보상금을 달라며 포클레인 앞을 막무가내로 막아서는 사람들을 강제로 내쫓은 적도 있어. 그들은 법을 어긴 범법자들이니까."

아내는 우뚝 멈춰 섰다.

"제가 그때 당신과 헤어질 생각까지 했던 거 알아요? 가난한 이들의 피맺힌 **절규**를 듣지 않는 당신이 너무 싫었어요."

|02| '끊다'를 뜻하는 절(切) : 절실, 절박, 간절, 적절

K의 아내는 계속 말을 이었다.

"그 사람들은 정말 보상금이 **절실**했어요. **절박**한 처지에서 어쩔 수 없이 법을 위반하며 **간절**하게 빌었던 거예요. 그런데, 그런데 당신은 아무런 양심의 가책도 느끼지 않고 그들을 내쫓았어요."

K는 물끄러미 아내를 바라봤다.

"법에 따른 **적절**한 행동이었어."

|03| '꺾다', '자르다'를 뜻하는 절(折) : 좌절, 절반, 절충

"그들의 요구하는 보상금은 낭시 우리 회사 싱횡에시는 너무 많았어."

K는 아내를 설득하려고 했다. 평소답지 않았다.

"강제로 쫓겨나는 그들의 **좌절**감을 생각해봤나요? 회사에 부담이라고 하지만 그들이 요구하는 보상금의 **절반** 정도는 줄 수 있었잖아요. 그들과 잘 얘기하면 보상 금액은 충분히 **절충**할 수 있었어요."

|04| '마디'를 뜻하는 절(節) : 절기, 절약, 절감, 절차

때는 24**절기** 중 입동이었지만 날씨는 따뜻했다. 전기 **절약**을 포함해 에너지 **절감**을 위한 계획을 결제한 뒤에 K는 현수에게 전화를 걸었다. K는 현수에게 자신이 너무 냉정하게 대한 것을 사과했다. 그리고 다시 함께 일해 줄 것을 부탁했다.

"다시 입사 지원서를 내게. 그것이 우리 회사 **절차**니까."

현수는 씩 웃었다. 변하기는 했지만 여전히 고집스런 K의 성격이 느껴졌기 때문이다.

|05| '훔치다'를 뜻하는 절(竊) : 절취, 절도, 표절

K는 길수도 용서하기로 했다. 비록 회사의 첨단 기술을 **절취**하여 중국에 팔아넘기려고 했지만 용서하기로 했다. 길수는 **절도**죄로 처벌받았지만 피해자인 K가 처벌을 바라지 않는다고 해서 큰 벌은 받지 않고 얼마 뒤 풀려났다. K는 길수도 회사로 불러들였다. 길수를 만나자 마자 K는 길수에게 중대한 일을 시켰다.

"이번에 S기업이 우리 회사 제품을 **표절**해서 시장에 내 놓았네. 자네가 이 일을 책임지고 해결하게."

길수는 K의 지시가 너무 반가웠다. 자신을 믿는다는 증거였기 때문이다.

14
다산多産 : 산출産出 : 출타出他

　　"사회 선생님이 급한 일로 **출타**하셨으니 자습하도록
해라. 반장! 떠들면 알지?"

　　사회 선생님은 요즘 툭하면 수업에 안 들어오신다. 학교에서 중요한 일을 많이
책임지고 있는지 학교 일로 **출타**가 잦다. 나는 다른 애들이 떠들든 말든, 조용히
앉아서 아침 독서 시간에 읽던 책을 계속 읽었다.

　　사회도 자연계와 마찬가지로 법칙이 존재한다. 예를 들어보자. 자연계에서 물체에 힘을
강하게 가하면 빠르게 움직이고, 힘을 적게 가하면 느리게 움직인다. 같은 힘이라면 마찰
력이 강한 경우 느리게 움직이고, 마찰력이 약한 경우 빠르게 움직인다. 이것이 자연계에
존재하는 법칙이다. 사회에도 비슷한 법칙이 있다. 사회에서 일정한 자원과 사람을 투입
하면 그에 따른 산출이 나오기 마련이다. 자원과 사람을 많이 투입하면 산출도 많이 나
오고, 적게 투입하면 산출도 줄어든다. 무작정 많이 투입한다고 산출이 느는 것은 아니

다. 능력이 뛰어난 사람이 많으면 산출도 많지만, 그 반대면 산출이 떨어진다. 자연계에서 마찰력이 끼치는 영향이나 능력이 뛰어난 사람이 끼치는 영향이나 비슷하다.

투입과 산출이라. 흠. 나는 아무리 운동에 에너지와 시간을 투입해도 제대로 된 산출을 얻기 힘들 것이다. 산출을 많이 얻을 수 있는 곳에 내 노력을 투자해야겠다. 나는 책을 계속 읽었다.

…… 사회는 끊임없이 변화한다. 얼마 전까지만 해도 인구 증가를 우려해서 다산을 억제하고, 아이를 적게 낳는 것을 적극 권장했다. 지금은 인구 감소를 우려해서 다산을 장려한다. 아이 셋을 낳으면 국가가 돈을 지급하기도 한다. 예전에는 아이를 많이 낳으면 무식하고 무책임하다고 비난받았지만, 지금은 애국자로 대접받는다. 똑같은 행위가 예전에는 천대를 받았지만, 지금은 대접을 받는다. 따라서 지금 옳고 그름을 나누는 기준이 절대 불변일 수가 없다. 언제든 바뀔 수 있는 것이다. 옳고 그름의 기준이 사회의 변화에 따라 끊임없이 달라진다는 사실은 우리가 지금 믿고 따르는 가치관에게 의문을 던지게 한다. 또나와 생각이 다른 사람에 가해지는 폭력을 인정하면 안 되는 이유를 명확히 설명해준다.

맞는 말이다. 세상에 옳고 그름은 늘 바뀐다. 문득 시간을 보니 점심시간이었다.

한자음 그물망

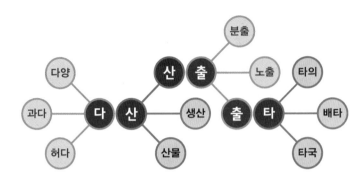

같은 음, 다른 뜻

| 다 | '많다'를 뜻하는 다 (多) | 다산, 과다, 파다, 다양, 허다 |
| | '마시는 차'를 뜻하는 다 (茶) | 다과, 다도, 다방 |

산	'낳다'를 뜻하는 산 (産)	생산, 산물, 산고, 유산
	'오르는 산'을 뜻하는 산 (山)	산천, 산맥, 산수
	'셈', '계산'을 뜻하는 산 (算)	계산, 산정, 추산, 청산
	'흩어지다'를 뜻하는 산 (散)	확산, 분산, 해산, 무산

| 출 | '낳다', '나가다'를 뜻하는 출 (出) | 분출, 노출, 창출, 출범 |

타	'다르다'를 뜻하는 타 (他)	타국, 배타, 타의, 타율, 출타
	'치다'를 뜻하는 타 (打)	타격, 타개, 타진, 타파
	'마땅하다'를 뜻하는 타 (妥)	타당, 타결, 타협
	'떨어지다'를 뜻하는 타 (墮)	타락
	'게으름'을 뜻하는 타 (惰)	타성

문맥으로 이해하기

 다

|01| '많다'를 뜻하는 다(多) : 다산, 과다, 파다, 다양, 허다

춘화는 **다산**의 여왕이다. 무려 3남 4녀다. 주변에서는 일곱이면 너무 **과다**하다고 생각하지만, 춘화가 여덟째를 임신했다는 소문이 **파다**하다. 세상에는 **다양**한 사람이 많지만 요즘같은 세상에 춘화같은 여자가 있다는 것은 믿기 어렵다. 조건 좋은 **허다**한 남자들을 다 뿌리치고 춘화가 지금 남편과 결혼한 것은 둘 다 **다산**을 원했기 때문이라고 하니, 춘화는 정말 특이한 여자임이 분명하다.

|02| '마시는 차'를 뜻하는 다(茶) : 다과, 다도, 다방

춘화는 집에 손님이 오면 항상 **다과**를 대접했다. 춘화는 오랫동안 **다도**를 익혀왔기 때문에 차에 관한 한 전문가였다. 춘화는 자신의 장기를 살려 마침내 **다방**을 열었다. 남들은 카페나 찻집이라고 이름 붙이는 것이 어떠냐고 했지만, 춘화는 끝까지 **다방**이라는 이름을 고집했다.

산

|01| '낳다'를 뜻하는 산(産) : 생산, 산물, 산고, 유산

춘화는 다방에서 차뿐만 아니라 지역에서 **생산**된 다양한 **산물**을 판매했다. 모두 유기농이었다. 춘화네 다방에서 가장 인기 있는 제품은 산모를 위한 차였다. 일곱 아이를 낳은 경험을 바탕으로 아이를 낳을 때 겪는 **산고**를 줄여주고, **유산**을 막아주는 효능을 지닌 차를 팔았는데, 없어서 못 팔 정도로 인기가 좋았다.

|02| '오르는 산'을 뜻하는 산(山) : 산천, 산맥, 산수

춘화는 일주일에 한 번은 남편과 함께 일곱 아이들을 데리고 **산천** 구경을 다녔다. 소백**산맥** 일대의 산은 안 가본 곳이 없었다. 좋은 **산수**를 많이 구경해야 마음이 맑아진다는 것이 춘화의 신념이었다.

|03| '셈', '계산'을 뜻하는 산(算) : 계산, 산정, 추산, 청산

춘화가 유일하게 못하는 것이 있다면 바로 **계산**이었다. 춘화는 복잡한 **계산**이 필요할 때마다 첫째 딸을 불렀다. 한참 계산기를 누르던 딸이 말했다.

"음, 지금까지의 수입과 지출을 바탕으로 **산정**하면…… 빚을 갚기까지 대략 2년이네."

"뭐라고? 2년?"

"응, 앞으로 대략 **추산**해보니까 2년 정도면 아파트 사느라 대출한 빚을 **청산**할 수 있을 것 같아."

춘화는 첫째 딸의 말을 듣더니 기뻐서 어쩔 줄 몰랐다.

|04| '흩어지다'를 뜻하는 산(散) : 확산, 분산, 해산, 무산

춘화에 대한 소문은 널리 **확산**되었다. 찾아오는 손님이 너무 많아서 미리 예약을 받아서 손님을 **분산**시키지 않으면 앉을 자리조차 없었다. 특히 **해산**을 앞둔 산모들이 많이 찾아왔다. 약속이 너무 밀려서 가족끼리 함께하는 일요일 산천 구경 일정이 **무산**되기도 했다. 그 일이 있고 난 뒤 춘화는 심각한 고민에 빠졌다.

 # 출

|01| '낳다', '나가다'를 뜻하는 출(出) : 분출, 노출, 창출, 출범

"내가 너무 일 욕심을 부렸어."

춘화의 말을 듣자마자 일곱 아이들의 불만도 샘솟듯 **분출**하였다. 평소에 불만이 있었지만 **노출**하지 않고 감춰두었던 얘기를 전부 꺼냈다. 춘화는 아이들에게 미안하다고 거듭 사과했다. 춘화는 다방을 운영하는 새로운 방법을 **창출**해야겠다고 결심하고, 다방을 함께 운영할 사람을 모집했다. 얼마 되지 않아 '엄마다방모임'이 **출범**했다.

 # 타

|01| '다르다'를 뜻하는 타(他) : 타국, 배타, 타의, 타율, 출타

엄마다방모임에는 **타국**에서 온 이주 여성도 있었다. 엄마다방모임은 **배타**적이지 않았다. 다방을 함께 운영하고 싶은 사람, 춘화의 철학에 동의하는 사람은 누구나 함께 할 수 있었다. 엄마들은 **타의**가 아니라 자기 의지로 참여했기 때문에 타율적이지 않았다. 누구나 자율적으로 스스로 일을 했다. 엄마다방모임이 출범하고 한 달이 되지 않아서 춘화가 오랫동안 출타해도 다방은 잘 굴러갈 정도가 되었다.

|02| '치다'를 뜻하는 타(打) : 타격, 타개, 타진, 타파

엄마다방모임이 출범한 지 3개월 뒤, 춘화는 첫째 딸과 함께 수입과 지출을 정산했다.

"흠, 엄마 이익이 너무 줄었어. 이러다가는 다방 운영이 **타격**을 받겠는데? 이익을 나눠줄 엄마들이 너무 많아."

춘화는 또다시 고민에 빠졌다. 이 어려움을 **타개**하려면 어떻게 해야 할까? 고민해 보니 모임을 나누는 것이 유일한 해법이었다. 춘화는 엄마들에게 다른 지역에서 새로운 다방을 열 생각이 있는지 의사를 **타진**했다. 거의 모든 엄마들이 새로운 시도를 두려워했다. 춘화는 다른 엄마들이 품고 있는 두려움을 **타파**하기 위해 무진장 애를 써야 했다.

|03| '마땅하다'를 뜻하는 타(妥) : 타당, 타결, 타협

엄마들이 두려워하는 이유는 **타당**했다. 춘화네 다방을 찾는 손님들은 춘화를 보고 오는 것이지, 다른 엄마들을 보고 오는 것이 아니기 때문이다. 생각의 차이로 인해 춘화와 엄마들 사이에 갈등이 생기기까지 했다. 의견 차이가 좀처럼 좁혀지지 않던 어느 날, "뭘 그런 것으로 고민해요. 그냥 엄마가 회사 사장하고, 분점을 내면 되잖아요."

큰 딸의 그 말 한마디에 춘화와 다른 엄마들은 **타결**의 실마리를 찾았다. 엄마들은 엄마다방모임을 정식 회사로 바꾸기로 **타협**을 보았다. 대표는 춘화였고, 나머지는 일정한 돈을 투자하고, 사업을 함께 벌이는 동업자가 되기로 했다.

|04| '떨어지다'를 뜻하는 타(墮) : 타락

㈜춘화다방의 첫 번째 원칙은 '우리는 돈의 노예로 타락하지 않는다.'였다. 바른 회사가 엄마들의 첫 번째 원칙이었다.

|05| '게으름'을 뜻하는 타(惰) : 타성

㈜춘화다방의 두 번째 원칙은 '우리는 타성에 젖지 않고 늘 새로움을 추구한다.' 였다. 얼마 뒤 춘화는 여덟째를 출산했다. 여덟 아이를 키우면서도 춘화는 ㈜춘화다방 대표로 활발하게 활동했다.

15
당일當日 : 일몰日沒 : 몰아沒我

엄마는 먹는 것과 관련해 희한한 철학이 있다.

"음식은 일출과 일몰 사이에 먹어야 한다. 일출 전에 먹으면 안 되고, 일몰 뒤에 먹으면 안 된다. 알았지?"

이것은 내가 아주 어렸을 때부터 우리 집에서 지켜온 규칙이다. 그래서 우리 집에서 야식은 꿈도 못 꾼다. 오직 아빠만 가끔 직장에서 회식 때문에 저녁 늦게 먹고 들어오는 것이 허락된다.

"엄마, 뭐야. 아빠는 되고, 왜 우리는 안 돼?"

"내 참. 그럼 너희들이 돈 벌든가. 아빠 힘내세요~♬ 우리가 있잖아요~♪ 하지 말고, 아빠 푹 쉬세요~♬ 우리가 돈 벌게요~♩ 뭐 그런 식이라면 너희도 일몰 뒤에 밥을 먹어도 좋아."

말도 안 된다고 대꾸하고 싶었지만 엄마는 단호했다. 그렇다고 엄마가 먹는 것을 싫어하는 사람도 전혀 아니다. 엄마는 대단한 미식가다. 좋아하는 음식이 나오면 어쩔 줄 모른다.

한 번은 텔레비전에서 소개된 요리를 보고는 그것을 먹기 위해 당일치기로 남해안까지 가서 먹고 온 적도 있었다. 그것도 일몰 전에 먹어야 한다면서 보자마자 출발해서 서둘러 갔으니 대단한 정성이다.

엄마는 음식을 먹을 때 누군가 간섭하는 것을 굉장히 싫어한다. 대화를 나누는 것도 좋아하지 않는다. 아마 그래서 아빠가 음식을 앞에 두고 신문 보는 것을 인정해주는지도 모르겠다. 엄마는 음식을 먹을 때는 오직 음식 먹는데만 집중해야 한다는 철학이 있다. 엄마가 음식을 먹는 것을 보면 마치 자신을 잊은 몰아의 경지를 보는 듯하다. 음식을 천천히 음미하면서, 완전히 받아들인다. 몸과 음식이 하나가 되는 엄마, 음식 맛에 푹 빠져 나를 잊고 몰아의 경지에 빠져드는 엄마를 보면 정말 감탄스러울 정도다.

누나는 어쩌면 그리 엄마를 닮았는지 음식이 앞에 놓이면 정신을 못 차리고 먹는다. 나는 그런 우리 집 여자들을 보면서 고개를 절레절레 흔든 것이 한두 번이 아니다. 음식만 앞에 있으면 정신을 못 차리는 것이 이해가 가지 않았다.

그런데 가랑비에 옷 젖는다고 나도 엄마와 누나 옆에서 계속 지내다 보니 어느새 음식만 앞에 놓이면 정신을 못 차리는 사람이 되어 버렸다. 점심시간이 다가온다는 생각만으로 내 배는 이미 꼬르륵 소리를 내고, 입에는 침이 괴기 시작했다.

한자음 그물망

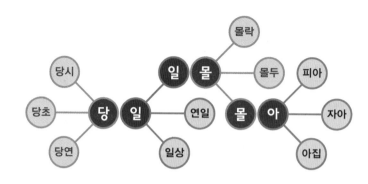

같은 음, 다른 뜻

당
'마땅하다'를 뜻하는 당 (當)	감당, 당초, 당시, 당연, 당일
'무리', '집단'을 뜻하는 당 (黨)	정당, 당원, 당파, 당론
'집'을 뜻하는 당 (堂)	강당, 불당, 명당

일
'태양'을 뜻하는 일 (日)	일상, 연일, 일출, 일몰
'하나'를 뜻하는 일 (一)	일괄, 일치, 일절
'벗어나다'를 뜻하는 일 (逸)	일탈, 안일

몰
'빠지다'를 뜻하는 몰 (沒)	몰두, 골몰, 몰입, 몰락

아
'나'를 뜻하는 아 (我)	자아, 몰아, 아집, 피아
'아이'를 뜻하는 아 (兒)	아동, 영아, 육아, 미아
'언덕'을 뜻하는 아 (阿)	아부, 아첨
'싹'을 뜻하는 아 (芽)	배아, 맹아, 발아
'어금니'를 뜻하는 아 (牙)	아성, 치아, 상아

문맥으로 이해하기

당

|01| '마땅하다'를 뜻하는 당(當) : 감당, 당초, 당시, 당연, 당일

"지금 김 후보로는 **감당**이 안 됩니다. 선생님께서 출마해주십시오."

"**당초** 내가 출마하려 했을 때 모두들 나서서 말렸지 않소?"

"**당시**에는 잘 몰랐습니다. 이번에는 **당연**히 김 후보로 충분할 줄 알았습니다."

"알겠소. 모두의 의견이 그렇다면 내가 출마하지요."

당일 오후, 윤치곤은 기자 회견을 열어 출마를 선언했다.

|02| '무리', '집단'을 뜻하는 당(黨) : 정당, 당원, 당파, 당론

정치를 하는 **정당**에 속한 사람을 **당원**이라고 하는데, 대부분 생각이 비슷한 사람끼리 모이지만 모두 똑같은 생각을 하는 것은 아니다. 그러다 보니 여러 **당파**로 나누어 서로 다투기도 한다. 당의 의견인 **당론**은 여러 **당파**가 타협을 해서 결정하거나, 심하면 서로 힘 대결을 해서 결정하기도 한다. 윤치곤이 출마한다고 하자

145

윤치곤을 지지하는 **당파**와 김 후보를 지지하는 **당파**가 심하게 대립했다.

|03| '집'을 뜻하는 당(堂) : 강당, 불당, 명당

윤치곤이 **강당**에서 당원들을 모아 놓고 출마 연설을 할 때 윤치곤의 부인은 평소 다니던 절의 **불당**에서 기도를 올렸다. 윤치곤은 부모의 묘도 선거에 도움이 된다는 **명당** 자리를 사서 쓸 만큼 권력욕이 컸지만, 아내는 정반대로 정치나 권력에 관심이 없었다.

 일

|01| '태양'을 뜻하는 일(日) : 일상, 연일, 일출, 일몰

선거 출마를 선언한 다음 날부터 윤치곤의 **일상**은 완전히 달라졌다. **연일** 당원들을 대상으로 선거 유세를 하느라 정신이 없었다. 윤치곤은 **일출** 전부터, **일몰** 후까지 정말 열심히 선거 운동을 했다.

|02| '하나'를 뜻하는 일(一) : 일괄, 일치, 일절

윤치곤은 김 후보를 누르고 ○○당의 공식 국회의원 후보로 선출되었다. 그런데 후유증이 심각했다. 김 후보를 지지했던 사람들이 **일괄**적으로 당을 나가버렸기 때문이다. 하나로 **일치**해서 선거를 치러도 모자랄 판에, 3분의 1 가량이 당을 나갔으니 문제가 심각했다. 그러나 윤치곤은 의외로 차분했다.

"여러분, 걱정은 **일절** 할 필요가 없습니다. 선거를 승리로 이끄는 데는 우리 힘만으로 충분합니다."

|03| '벗어나다'를 뜻하는 일(逸) : 일탈, 안일

"저도 윤치곤 후보님의 의견에 찬성입니다. 당을 버린 사람은 잊읍시다. 앞으로 더 이상 **일탈**이 발생하지 않도록 신경 쓰면 됩니다. 오히려 3분의 1이 빠져나감으로써 **안일**한 마음을 버리고, 선거를 치를 수 있으니 우리에게 더 유리합니다."

 몰

|01| '빠지다'를 뜻하는 몰(沒) : 몰두, 골몰, 몰입, 몰락

윤치곤은 본격적인 국회의원 선거 준비에 **몰두**했다. 선거 승리를 위한 필승 전략 마련에 **골몰**했다. 윤치곤이 선거 준비에 **몰입**하고 있을 때 김 후보는 부패 혐의로 경찰에 잡혀가면서 스스로 **몰락**하고 말았다.

 아

|01| '나'를 뜻하는 아(我) : 자아, 몰아, 아집, 피아

공식 선거 운동을 하루 앞둔 날 저녁, 윤치곤은 당원들을 모아 놓고 연설을 했다. "여러분, 우리는 이제부터 하나입니다. 지금부터 선거일까지 **자아**를 버리고 **몰아**의 경지에 빠져서 선거 운동을 해야 합니다. 무엇보다도 **아집**을 버리고 시민이 원하는 것에 귀를 기울이세요. 그것이 선거 승리의 비결입니다. 마지막으로 당부 드리고 싶은 것은 절대 상대방 후보를 비방하지 말아야 한다는 것입니다. 상대방을 비방하는 행위는 상대 후보와 나, **피아** 모두에게 피해를 입힙니다. 시민들은 비난이 아니라 새로운 정책 대안을 기다리고 있습니다."

|02| '아이'를 뜻하는 아(兒) : 아동, 영아, 육아, 미아

윤치곤은 선거 운동 첫날 **아동**과 보육에 관한 공약을 발표했다.

첫째, 3살 이하의 **영아**들을 돌보는 시설을 대폭 확충하겠다.

둘째, 부모들이 **육아**에 관한 부담을 덜고 마음껏 일하는 환경을 만들겠다.

셋째, 단 한 명의 **미아**도 발생하지 않도록 아동 안전에 관한 투자를 확대하겠다.

|03| '언덕'을 뜻하는 아(阿) : 아부, 아첨

윤치곤이 아동과 보육에 관한 공약을 발표하자 반응이 뜨거웠다. 부모들은 윤치
곤의 공약에 폭발적인 관심을 보였다. 시민들의 폭발적인 관심을 확인한 선거 운
동원 중 한 넝이 들떠서 말했다.

"후보님, 완전 대박입니다. 정말 후보님은 대단하십니다. 어떻게 시민들이 원하는
것을 정확히 알아내신 겁니까? 후보님의 능력은 아무도 따라올 수 없을 겁니다."

윤치곤은 정색을 하며 그 선거 운동원을 나무랐다.

"그렇게 **아부**하지 마세요. 그런 **아첨**이 귀에는 좋지만 지도자에게는 독입니다. 앞
으로는 **아부, 아첨**하지 말고 저에게 따끔한 충고를 하도록 하세요."

윤치곤의 말을 들은 선거 운동원은 부끄러워 얼굴을 들지 못했다.

|04| '싹'을 뜻하는 아(芽) : 배아, 맹아, 발아

배아는 우리말로 '식물의 씨눈'을 말하는데, 생명체의 모든 것이 담겨 있다. 배아
는 완전한 생명체가 될 **맹아**인 셈이다. 일정 조건이 갖추어지면 씨앗은 **발아**되어
하나의 생명체로 자라난다. 윤치곤이 첫날 제시한 아동과 보육에 관한 선거 공약
은 씨앗의 **배아**처럼 부모들의 마음속에 웅크리고 있던 소망을 밖으로 **발아**시켰
다. 첫 공약만으로도 윤치곤은 이미 선거를 승리로 이끈 것이나 마찬가지였다.

|05| '어금니'를 뜻하는 아(牙) : 아성, 치아, 상아

윤치곤은 □□당이 20년째 지켜오던 아성을 무너뜨리고 국회의원에 당선되었다. 정말 아성이었다. 고구려의 단단한 성처럼 무너지지 않을 것 같던 □□당의 20년 지배가 무너졌으니 아성이 무너졌다는 표현이 딱 어울렸다. 당선 축하 잔치를 마치고 집에 돌아오는 윤치곤을 아내는 따뜻한 미소로 맞아주었다. 미소 사이로 비친 아내의 치아는 참 가지런했고, 상아처럼 맑았다.

"수고하셨어요. 축하드려요."

처음이었다. 아내가 자신이 정치하는 것을 인정해준 것이……. 윤치곤은 국회의원에 당선된 것보다 아내가 자신을 인정해주었다는 사실에 더 큰 기쁨을 느꼈다.

16
대필代筆 : 필담筆談 : 담화談話

이야기 속
어휘

밥을 먹고 돌아오니 여자애들끼리 모여서 **담화**를 나누고 있었다. 뭔가 심각한 이야기를 나누는 것 같은데 남자들은 가까이 오지 못하게 하고는 소곤거리며 이야기를 했다. 어떤 때는 써서 이야기를 나누는 **필담**을 주고받기도 하는 것 같았다. 워낙 심각한 분위기여서 평소 장난치기 좋아하는 남자애들도 전혀 다가가지 않았다. 혁규와 다른 아이들은 자기들끼리 밖에 나갔고, 현호를 따르는 무리들은 몇 번 기웃거리더니 여자애들이 사납게 쳐다보자 전부 밖으로 나가버렸다.

나는 눈치를 보다가 그냥 앉아서 사회 시간에 읽던 책을 마저 읽었다. 내 눈은 책을 향해 있었지만, 귀는 여자애들을 향해 쫑긋 세웠다. 가끔씩 현호, 혁규 이름이 나오는 것으로 봐서 대충 어떤 이야기를 나누는지 알 것 같았다.

"잠깐만 이리 와 봐."

여자 애들이 날 불렀다. 나는 머뭇거리며 여자애들이 있는 곳으로 갔다.

"너 대충 우리가 무슨 얘기를 하는지 들었지?"

반장인 형숙이가 말했다. 나는 고개를 끄덕였다.

"우리는 더 이상 남자애들의 그 유치한 편 가르기를 두고 볼 수 없다는 결론을 내렸어. 그래서 여자들이 단체로 **담화문**을 작성해서 발표하기로 했어."

"그런데 왜 날?"

"네가 글을 잘 쓰잖아. 그러니까 네가 우리 의견을 듣고 대필해 줘."

민지가 말했다. 내가 대필을 하라고?

"흠. 이게 다른 남자 애들 귀에 들어가면 안 좋을 텐데."

"걱정 마. 우리가 비밀은 지킬 테니까. 다들 그럴 거지?"

형숙이가 말했고, 다른 여자애들도 전부 약속을 했다.

"좋아, 어떻게 하면 돼?"

"우리는 이 상황을 용납할 수 없어. 그러니까 편 가르기를 한 것이 어떤 문제인지 적나라하게 지적하고, 앞으로 다시 하지 말 것을 요구해 줘. 만약 편 가르기를 그만두지 않으면 여자애들이 나서서 편 가르기 하는 남자애들을 괴롭히고, 그래도 안 되면 선생님께 이를 것이라고……."

나는 고개를 끄덕였다. 내가 글을 써주는 것이 얼마나 효과가 좋을지는 모르지만, 내가 처한 난관을 벗어나기에는 더없이 좋은 기회였다. 무엇보다 민지가 날 기대 섞인 눈으로 쳐다보는 것이 너무 좋았다.

한자음 그물망

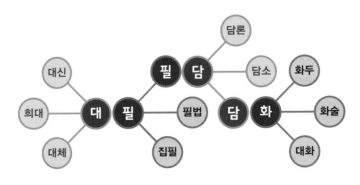

같은 음, 다른 뜻

대

'대신하다'를 뜻하는 대 (代)	희대, 당대, 대체, 대신, 대필
'크다'를 뜻하는 대 (大)	대통령, 대폭, 막대
'대하다'를 뜻하는 대 (對)	대치, 대처, 대면, 대담
'띠'를 뜻하는 대 (帶)	한대, 열대, 유대, 휴대
'기다리다'를 뜻하는 대 (待)	고대, 기대, 홀대, 우대
'빌리다'를 뜻하는 대 (貸)	대부, 대출, 임대, 대여

필

'붓'을 뜻하는 필 (筆)	필두, 필법, 필담, 집필
'반드시'를 뜻하는 필 (必)	하필, 필요, 필연
'마치다'를 뜻하는 필 (畢)	미필, 필경, 필생

담

| '말씀'을 뜻하는 담 (談) | 담화, 담소, 담합, 담론 |
| '메다'를 뜻하는 담 (擔) | 담임, 가담, 분담, 담보 |

화

'말하다'를 뜻하는 화 (話)	대화, 화술, 화자, 화제, 화두
'되다'를 뜻하는 화 (化)	화학, 화장, 강화, 악화
'화합하다'를 뜻하는 화 (和)	완화, 화합, 화답
'재물'을 뜻하는 화 (貨)	재화, 화물, 화폐, 외화
'꽃'을 뜻하는 화 (華)	화사, 화려

문맥으로 이해하기

 대

|01| '대신하다'를 뜻하는 대(代) : 희대, 당대, 대체, 대신, 대필

그는 **희대**의 천재였다. 그보다 뛰어난 사람을 **당대**에서 찾아보기 어려웠다. 그가 워낙 뛰어나다 보니 몸이 아파 한동안 쉬었을 때 그를 **대체**할 사람이 없어서 국가적인 일이 미뤄지기까지 했다.

그의 명성은 중국에도 익히 알려졌는데, 중국 사신이 방문했을 때 마침 몸이 아파 집에 있던 그를 **대신**해 그를 모시는 하급 관리가 그인 척하며 나갔다. 하급 관리는 그가 바쁠 때 가끔씩 그의 글씨를 흉내 내어 **대필**하는 사람이었다. 하급 관리는 그가 일러준 대로 중국 사신들 앞에서 글을 써서 보여주었는데, 중국 사신들은 그 글에 너무나 감탄한 나머지 무릎을 꿇고 절을 올렸다고 한다.

|02| '크다'를 뜻하는 대(大) : 대통령, 대폭, 막대

대통령은 기자들 앞에 서서 **대폭** 바뀐 예산안을 **막대**로 짚어가며 직접 설명했다.

153

|03| '대하다'를 뜻하는 대(對) : 대치, 대처, 대면, 대담

여자들과 남자들의 **대치** 상태가 길어지면서 서로 미워하는 감정의 골은 더더욱 깊어갔다. 이제는 내가 혼자 **대처**하는 것은 불가능해 보였다.

나는 상담 선생님께 면담을 신청했다. 그리고 상담 선생님을 **대면**한 채 오랫동안 이야기를 나누었다. 다행히 상담 선생님과 긴 **대담**으로 인해 해결 방법을 찾을 수 있었다.

|04| '띠'를 뜻하는 대(帶) : 한대, 열대, 유대, 휴대

둘 사이의 감정은 **한대**와 **열대**를 오고갔다. 그럼에도 둘은 헤어지지 않았다. 그만큼 **유대**가 튼튼했기 때문이다. 둘은 아무리 심하게 싸워도 **휴대**전화 문자 하나면 금방 화해를 했다.

|05| '기다리다'를 뜻하는 대(待) : 고대, 기대, 홀대, 우대

치원은 희원과 만남을 **고대**했다. 기다리는 동안 가슴이 너무나 떨렸다. 그러나 **기대**와 달리 희원은 첫 만남에서 치원을 **홀대**했다. **우대**받고 싶은 마음은 없었지만 자신을 무시하는 희원을 보자 치원은 크게 실망했다.

|06| '빌리다'를 뜻하는 대(貸) : 대부, 대출, 임대, 대여

대부업자는 돈을 **대출**해주고, 이자를 받는다. **임대**업자는 건물을 **대여**해 주고 임대료를 받는다. 대부업자와 임대업자는 이름은 다르지만 돈 버는 방법은 비슷하다.

필

|01| '붓'을 뜻하는 필(筆) : 필두, 필법, 필담, 집필

박지원을 **필두**로 한 조선의 학자들은 중국의 유명한 서예가인 왕희지의 작품을 직접 보며 **필법**을 연구했다. 조선의 학자들은 중국의 학자들과 직접 대화는 못했지만 **필담**으로 치열하게 토론하기도 했다. 박지원은 바쁜 와중에도 ≪열하일기≫ **집필**을 멈추지 않았다.

|02| '반드시'를 뜻하는 필(必) : 하필, 필요, 필연

하필이면 그때 가장 **필요** 없는 것이 뽑혔다. 처음에는 실망스러웠지만 조금 지나니 어쩌면 이것이 **필연**이라는 생각이 들었다.

|03| '마치다'를 뜻하는 필(畢) : 미필, 필경, 필생

"나이 서른인데, 아직 병역 **미필**이시죠?"

"네."

"당신은 **필경** 일부러 서른이 되도록 군대를 안 간 것이 분명합니다."

"아닙니다. 저는 **필생** 동안 단 한 번도 국가의 의무를 소홀히 한 적이 없습니다. 어쩌다 보니 아직 안 갔을 뿐, 절대 군대를 피할 생각은 없었습니다."

담

|01| '말씀'을 뜻하는 담(談) : 담화, 담소, 담합, 담론

"두 분은 아직도 **담화** 중이십니까?"

"네, 아직도 **담소**를 나누고 계시네요."

"혹시 몰래 **담합**하려는 의도 아닙니까?"

"**담합**이라니요. 두 분 지도자를 어찌 보고 그런 말을 하십니까? 두 분은 절대 비겁하게 **담합**할 사람들이 아닙니다."

"그럼 도대체 왜 이렇게 대화가 길어지는 겁니까?"

"두 분이 나누는 이야기 주제가 워낙 큰 **담론**이다 보니 오래 걸리는 것이라 봅니다."

"거대 **담론**이라? 도대체 어떤 거죠?"

"우리 시대가 나아가야 할 방향이라는 것만 알 뿐, 저도 자세히는 모릅니다."

|02| '메다'를 뜻하는 담(擔) : 담임, 가담, 분담, 담보

담임 선생님은 패거리를 이루어 왕따에 **가담**한 학생들을 전부 가려냈다. 그 학생들은 아주 조직적이면서도 지독한 방법으로 여러 학생들을 괴롭혀왔다는 사실이 밝혀졌다. 이들은 서로 역할을 **분담**하여 지능적인 방법을 사용했는데, 한쪽에선 왕따시키고, 한쪽에선 왕따를 면해주는 것을 **담보**로 돈을 뜯어내기도 했다.

 # 화

|01| '말하다'를 뜻하는 화(話) : 대화, 화술, 화자, 화제, 화두

대화를 잘 이끌기 위해서는 **화술**이 좋아야 합니다. 처음에는 상대편 **화자**가 좋아할 만한 **화제**를 중심으로 이야기를 이끌어나가십시오. 적당한 때 자신이 원하는 **화두**를 꺼내십시오. 물론 그때도 상대편 **화자**가 충분히 함께할 만한 **화제**여야 합니다.

|02| '되다'를 뜻하는 화(化) : 화학, 화장, 강화, 악화

화학이 발달하면서 **화장품**도 덩달아 발전했다. 화장품의 발전과 외모에 대한 관심은 서로를 **강화**시켜주는 역할을 한다. 그러나 환경이 **악화**되면서 예전에 비해 여성들의 피부 상태는 과거에 비해 전반적으로 나빠졌다. 그런데 **화장**이 피부를 가려주어 잘 드러나지는 않고 있다.

|03| '화합하다'를 뜻하는 화(和) : 완화, 화합, 화답

정부는 긴장을 **완화**하고, 서로 **화합**의 길로 나아가자고 제안했다. 북측도 우리 정부의 제안에 **화답**하고 나서서 모처럼 남북 사이에 **화합**하는 분위기가 만들어졌다.

|04| '재물'을 뜻하는 화(貨) : 재화, 화물, 화폐, 외화

우리는 날마다 엄청난 **재화**를 소비하며 산다. 대량으로 물건을 소비하며 사는 삶이 가능하게 된 것은 세계적으로 봐도 100년이 채 안 된다. 지금과 같은 대량 소비가 가능하게 된 것은 **화물**을 빠르고 안전하게 수송하는 교통이 발달했기 때문이다. **화폐**가 활발하게 사용되고 국제적인 금융 시스템이 마련된 것도 빼놓을 수 없다. 우리나라는 끊임없이 **외화**를 벌어들여야만 지금과 같은 대량 소비를 유지할 수 있을 것이다.

|05| '꽃'을 뜻하는 화(華) : 화사, 화려

엄마는 봄꽃보다 더 **화사한** 옷을 입었다. 아빠는 엄마의 **화려한** 옷을 넋을 잃고 보셨다. 도대체 영화를 보러 가는데 왜 저렇게 **화려한** 옷을 입는지 이해가 가지 않았다.

17
도면圖面 : 면목面目 : 목록目錄

이야기 속
어휘

대필을 결심하고 난 후 어떻게 쓸까 고민하는데 민지가 다가왔다. 민지는 정말 다정한 표정으로 날 바라보며 말했다.

"고마워."

"고맙긴. 안 그래도 나도 불편해서 어떻게든 하려고 했는데 잘됐지 뭐."

"그래도 쉬운 결정은 아닐 거야. 남자들에게 배신자로 몰릴 수도 있을 테니까."

"너희들이 다 비밀로 한다고 약속했잖아. 그리고 혹 드러나면 어때. 내가 잘못한 것이 아니니까 뭐라고 할 사람도 없을 거야."

말은 그렇게 했지만 솔직히 조금 걱정이 되기는 했다. 당장은 아니더라도 시간이 지나면 여자아이들 중에 비밀을 지키지 않는 아이가 나올 수도 있기 때문이다. 아무튼 중립을 좋아하고 귀찮은 일에 관여하는 것을 끔찍이 싫어하는 내가 이런 일에 나섰다는 것은 대단한 일이다.

예전에는 민지에게 너무 미안해서 민지를 볼 **면목**이 없었는데, 이제 민지를 당당하게 대할 수 있을 것 같다. 내가 이런 일에 나서서 문제를 잘 해결한다면 민지를 대할 면목이 설 것이다. 솔직히 말하면 내가 싫은 일에 나서는 것도 다 민지 때문이다.

"1교시 끝나고 담임 선생님께 갔다 오더니 뭐야?"

"아, 그거, 이거 주셨어."

나는 선생님이 주신 서류를 보여 주었다.

"학교 도서관을 수리하는 데 우리 아빠에게 도움을 받으려고 하나 봐."

"와, 진짜? 안 그대로 도서관이 낡아서 새롭게 고치면 좋겠다고 생각했는데, 근데 어떻게 고치는데?"

"나도 몰라. 여기에 그것이 있으려나?"

나는 선생님이 주신 봉투에 담긴 서류를 꺼냈다. 봉투에는 도서관 도면이 들어 있었다. 도면만 보고 정확하게 어떤 모양인지 알 수 없었지만 상당히 멋져 보였다. 아버지께 도움을 요청하는 공문도 있었다. 공문에는 새롭게 1,000여 권의 책을 구입할 예정인데 어떤 책을 구입하면 좋을지 책 목록을 추천해 달라는 요청도 들어 있었다.

"와, 새로운 도서관에, 새 책 1천 권까지. 끝내준다."

민지의 얼굴이 환해졌다. 민지는 정말 기뻐했다. 나는 민지가 나 못지않게 도서관과 책을 좋아한다는 것을 알자 너무 기뻤다. 민지랑 친해지는 데 필요한 것은 운동이 아니었다. 내가 좋아하는 것만으로 충분했다. 이것은 진짜 행운이다.

한자음 그물망

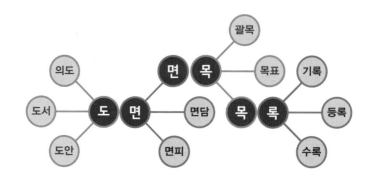

같은 음, 다른 뜻

도
'그림'을 뜻하는 도 (圖)	도서, 도안, 의도, 도면
'길'을 뜻하는 도 (道)	궤도, 도로, 방도
'법도', '제도'를 뜻하는 도 (度)	극도, 빈도, 과도, 태도
'도읍', '도시'를 뜻하는 도 (都)	도읍, 수도, 도회지
'이끌다'를 뜻하는 도 (導)	도입, 도출, 유도, 인도
'섬'을 뜻하는 도 (島)	한반도, 도서, 울릉도, 독도

면
'낯', '얼굴'을 뜻하는 면 (面)	면담, 면피, 면목, 국면
'이어지다, 솜'을 뜻하는 면 (綿)	면봉, 면화, 면밀
'힘쓰다'를 뜻하는 면 (勉)	권면, 면학, 근면
'면하다', '벗다'를 뜻하는 면 (免)	면역, 면제, 면세, 파면
'잠자다'를 뜻하는 면 (眠)	휴면, 수면, 동면

목
'눈'을 뜻하는 목 (目)	주목, 괄목, 목록, 목표
'나무'를 뜻하는 목 (木)	목공, 초목, 목석
'치다', '기르다'를 뜻하는 목 (牧)	목사, 목장, 유목

록
'기록하다'를 뜻하는 록 (錄)	수록, 목록, 등록, 기록
'초록'을 뜻하는 록 (綠)	초록, 신록, 상록수

도

|01| '그림'을 뜻하는 도(圖) : 도서, 도안, 의도, 도면

문철은 전문 도서를 참고하여 포스터 도안을 다시 만들었다. 자신의 의도를 더 잘 드러내기 위해 제품 도면도 세밀하게 그려서 덧붙였다.

|02| '길'을 뜻하는 도(道) : 궤도, 도로, 방도

처음 열차를 만든다고 할 때 사람들은 일정한 궤도로만 달려서 불편할 것이라고 생각했다. 자유롭게 아무 데나 갈 수 있는 일반 도로가 훨씬 낫다고 생각했다. 그래서 열차를 만드는 것은 어리석은 방도라고 생각했다.

|03| '법도', '제도'를 뜻하는 도(度) : 극도, 빈도, 과도, 태도

문철은 극도로 긴장했다. 긴장해서일까? 선생님이 빈도 수가 부족하다고 하자 그는 선생님께 빈도 수가 충분하다면서 반박했다. 하지만 문철이가 보인 반응은 조금 **과도**했다. 분명 적절한 **태도**가 아니었다.

|04| '도읍', '도시'를 뜻하는 도(都) : 도읍, 수도, 도회지

이성계가 **도읍**을 삼은 뒤부터 지금까지 서울은 우리나라의 **수도**다. 지금도 서울 **도회지**에 곳곳에는 조선시대가 **도읍**지였던 흔적이 많다.

|05| '이끌다'를 뜻하는 도(導) : 도입, 도출, 유도, 인도

논술문의 **도입**부가 자연스럽습니다. 결론은 본론에서 자연스럽게 **도출**되었군요. 아주 좋은 글입니다. 계속해서 이런 글을 쓰도록 **유도**해주세요. 훌륭한 선생님의 **인도**를 받아서인시 글 솜씨가 징말 뛰어납니다.

|06| '섬'을 뜻하는 도(島) : 한반도, 도서, 울릉도, 독도

우리나라는 **한반도**와 그 부속 **도서**를 영토로 한다. 당연히 **울릉도**와 **독도**도 우리나라 영토다.

면

|01| '낯', '얼굴'을 뜻하는 면(面) : 면담, 면피, 면목, 국면

선생님과 **면담**하는 내내 나는 내 잘못을 **면피**하기 위해 애썼다. 그러나 선생님은 모든 것을 다 알고 있었다. 모든 사실이 드러나자 나는 선생님을 볼 **면목**이 없었다. 나는 어색한 **국면**을 바꾸기 위해 썰렁한 농담을 해보았지만, 아무 소용이 없었다. 선생님은 **면피**하려고 핑계만 늘어놓는 나를 안타깝게 쳐다보셨다.

|02| '이어지다', '솜'을 뜻하는 면(綿) : 면봉, 면화, 면밀

귀를 청소하는 데 쓰는 **면봉**은 나무와 **면화**로 만들어. **면봉**으로 귀를 청소할 때는 **면밀**하게 신경써야 해. 그래야 귀가 깨끗해지지.

|03| '힘쓰다'를 뜻하는 면(勉) : 권면, 면학, 근면

나는 여러 번 동생에게 **권면**을 했습니다. 제발 놀지 말고 공부하라고……. 지금 **면학**에 힘쓰지 않으면 분명 나중에 후회한다고……. 제가 그렇게 **권면**했건만 동생은 결국 자기 머리만 믿고 공부하지 않았습니다. 동생은 머리보다 **근면**이 중요하다는 것을 몰랐던 거죠. 결국 시험을 망치고 나서야 제 **권면**을 받아들이더군요.

|04| '면하다', '벗다'를 뜻하는 면(免) : 면역, 면제, 면세, 파면

"선생님이 어떻게 나오든, 나는 이미 **면역**이 됐어."
동생은 자신만만했다.
"그렇게 얄팍한 수로 숙제를 **면제** 받으려 하지 말고 열심히 하지 그러냐."
"됐거든."
"아빠가 외국 출장 갔다가 **면세**품 잘못 들여와서 **파면**당할 뻔 것 기억 안나? 얄팍한 수는 언젠가 들통이 난다고……. 그때 아빠는 겨우 해고되는 것을 면했어. 너도 그것을 알면서 아직도 그렇게 얄팍한 수를 쓰니?"
"내참, 아빠랑 나랑 무슨 상관이야. 아빠가 어수룩해서 그렇지. 나는 달라. 나는 선생님을 훤히 꿰고 있다고."
내가 아무리 권면해도 동생은 귀도 기울이지 않았다.

|05| '잠자다'를 뜻하는 면(眠) : 휴면, 수면, 동면

휴학을 한 뒤에 문철은 당분간 아무것도 안하고 쉬기로 했다. 말 그대로 **휴면**을 취하기로 했다. 쉬는 동안 문철은 그동안 공부하느라 부족했던 잠을 보충하듯 하루에 15시간 넘게 수면에 빠져들었다. 마치 동물이 겨울에 동면을 하듯 잠을 잤다.

 # 목

|01| '눈'을 뜻하는 목(目) : 주목, 괄목, 목록, 목표

떠들지 말고 주목하세요. 이번에 문철이가 우리 반에서 가장 괄목한 말한 성적을 거두었습니다. 정말 대단해요. 여기 문철이가 공부한 참고서 목록과 **목표**를 세워 공부한 방법을 정리한 자료가 있으니 다들 참고하도록 해요.

|02| '나무'를 뜻하는 목(木) : 목공, 초목, 목석

명호는 나무로 예술 작품을 만드는 목공이다. 한번 목공 작업에 들어가면 명호는 마치 초목처럼 움직이지 않고 작업에 몰두한다. 아니 초목이라기보다는 목석에 가깝다. 바람에도 흔들리지 않기 때문이다. 한 작품이 끝날 때까지 그는 말 그대로 사람이 아니었다.

|03| '치다', '기르다'를 뜻하는 목(牧) : 목사, 목장, 유목

목사님께서 이런 곳에서 목장을 하시다니, 마치 유목민이 정착해서 농사를 짓는 듯 어색한 느낌이 드네요.

록

|01| '기록하다'를 뜻하는 록(錄) : 수록, 목록, 등록, 기록

"그거 알아? 예전에는 음악 교과서에 우리 민요를 수록하지 않았대."

"진짜?"

나는 눈을 동그랗게 뜨고 물었다.

"내가 예전부터 지금까지 음악 교과서에 실린 노래 목록을 봤는데, 예전에는 정말 민요가 없더라니까?"

나는 정말 어이가 없었다. 어떻게 그럴 수가?

"네가 잘못 본 것이 아니라면, 노래 목록을 정리하는 과정에서 누군가 등록을 잘못한 것일 거야."

"그러면 더 큰 문제지. 내가 본 것은 공식 기록이야. 역사에 남을 공식 자료에 잘못 등록해 놓았다면 진짜 큰일이지."

"말이 그렇게 되나."

|02| '초록'을 뜻하는 록(綠) : 초록, 신록, 상록수

나는 늦봄에 산을 물들인 연한 초록빛이 좋다. 늦봄과 초여름의 산을 보고 신록이 우거졌다고 하는데, 말 그대로 새로운 잎이 산을 꽉 채웠다는 뜻이다. 연초록은 새롭다. 새로 돋아난 잎이라서 그런지 진하지 않고 연하다. 그 연한 느낌이 좋다. 나는 상록수처럼 일 년 열두 달 진한 잎을 달고 있는 나무보다 새롭게 시작하는 나무에서 신선한 매력을 느낀다.

165

18
독보獨步 : 보법步法 : 법규法規

이야기 속
어휘

　내가 우리 학교에서 제일 좋아하는 사람 두 명을 꼽는
다면 한 명은 민지, 다른 한 명은 바로 음악 선생님이다. 내가 음악을 좋아하거나,
음악을 잘하는 것은 아니다. 내가 음악 선생님을 좋아하는 것은 음악과는 아무런
관련이 없다.

　음악 선생님의 인기는 우리 학교에서 **독보**적이다. 그 어떤 선생님도 음악 선생
님의 인기를 따라가지 못한다. 그런데 알고 보면 음악 선생님의 **독보**적인 인기 비
결은 너무나 간단하다. 바로 말 때문이다.

　많은 학교 선생님들이 학생들에게 막말을 한다. 어떤 선생님들은 욕을 하기도
한다. 욕까지는 아니어도 선생님들의 말을 들어보면 학생들을 인격적으로 존중한
다는 느낌이 들지 않는다. 그런데 음악 선생님은 다르다. 음악 선생님은 늘 우리들
에게 존댓말을 쓰신다. 수업 시간에도, 복도에서 만났을 때도, 거리에서 우연히 만
났을 때도 마찬가지다.

어른이 우리에게 존댓말을 쓴다는 것이 처음에는 정말 어색했다. 하지만 계속 듣다보니 우리를 존중한다는 느낌이 들었다. 처음에는 어색해 하다가도 아이들은 음악 선생님의 존댓말에 익숙해지면서 다들 음악 선생님을 좋아하게 되었다. 나도 마찬가지였다.

나는 선생님들이 학교에서 존댓말만 사용하게 **법규**로 정하면 어떨까 하는 생각도 해보았다. 선생님들이 쓰는 말이 법으로 정해져 있다면 당연히 다들 존댓말만 쓸 것이고, 그러면 학교가 서로를 존중하고 더 인격적으로 대하는 곳이 되지 않을까 싶기 때문이다. 물론 그것은 아빠와 누나의 화장실 사용 시간을 **법규**로 제한하는 것과 마찬가지로 별 현실성이 없다는 것은 나도 안다. 아무튼 음악 선생님과 함께 하는 시간은 정말 즐겁다.

"자, 음악은 소리로만 하는 것이 아니라 몸으로 같이 하는 거예요. 다들 일어나서 나와요."

우리는 군소리 없이 음악 선생님이 시키는 대로 앞으로 나갔다.

"음악 큐, 이게 바로 왈츠에요. 왈츠는 4분의 3박자. 이 박자에 맞춰 흥겹게 움직여 보세요. 왈츠는 가장 신나고 즐거운 춤이지요."

음악이 흘러나오고 선생님은 자연스럽게 발걸음을 옮겼다. 나는 선생님의 **보법**을 자세히 살피면서 따라하려고 무진장 노력했다. 그러나 쉽지 않았다. 선생님의 **보법**은 알듯 하면서도 따라 하기 힘들었다. 그런데 어떤 애들은 한 번만 보고 그대로 따라 하기도 했다. 아, 나는 역시 몸치다. 음악 선생님이 좋은 만큼 음악도 잘하면 좋으련만……

한자음 그물망

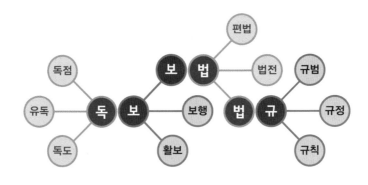

같은 음, 다른 뜻

독
'혼자'를 뜻하는 독 (獨)	독보, 유독, 독점, 독도
'읽다'를 뜻하는 독 (讀)	독서, 통독, 낭독
'감독하다'를 뜻하는 독 (督)	독전, 독려, 독촉, 감독
'독약'을 뜻하는 독 (毒)	혹독, 독설, 독감
'도탑다', '인정이 많다'를 뜻하는 독 (篤)	독실, 독지가, 돈독

보
'걸음'을 뜻하는 보 (步)	보법, 보행, 활보, 답보
'지키다'를 뜻하는 보 (保)	보루, 보장, 담보, 보류
'돕다'를 뜻하는 보 (補)	보강, 보좌, 보완
'갚다', '알리다'를 뜻하는 보 (報)	제보, 보도, 낭보, 보은
'넓다'를 뜻하는 보 (普)	보급, 보편, 보통
'보배', '보물'을 뜻하는 보 (寶)	가보, 보배, 국보

법
| '법', '예의'를 뜻하는 법 (法) | 요법, 기법, 불법, 법전, 편법 |

규
| '법', '규정'을 뜻하는 규 (規) | 규제, 규범, 규정, 규칙 |

독

|01| '혼자'를 뜻하는 독(獨) : 독보, 유독, 독점, 독도

내가 따라갈 수 없는 독보적인 실력 때문일까? 나는 유독 그가 싫다. 정말 싫다. 팬들의 사랑을 독점한 그가 너무나 밉다. 독도를 탐내는 일본만큼 그가 밉다.

|02| '읽다'를 뜻하는 독(讀) : 독서, 통독, 낭독

그는 독서광이다. 삼국지만 열 번 통독했다고 한다. 그가 낭독을 하면 책이 살아 움직이는 듯하다. 책을 읽는 그의 목소리에는 마법의 힘이 실려 있다.

|03| '감독하다'를 뜻하는 독(督) : 독전, 독려, 독촉, 감독

전하께서 이 위험한 전쟁터까지 나와서 친히 독전을 하시니 정말 힘이 납니다. 전하의 독려가 군사들의 사기를 높였습니다. 그동안 물러서지 말라고 아무리 독촉해도 겁을 집어 먹던 병사들이 드디어 용기를 내어 진격하기 시작했습니다. 이제는 옆에서 **감독**하지 않아도 목숨을 걸고 적과 맞서 싸웁니다. 전하의 격려가 승리의 원천입니다.

|04| '독약'을 뜻하는 독(毒) : 혹독, 독설, 독감

오디션 프로그램에 나가 **혹독**한 **독설**을 들은 후, 나는 나태한 태도를 버렸다. 다음 날 **독감**에 걸렸음에도 나는 스스로를 채찍질하며 **혹독**한 연습을 했다. **독설**은 나에게 약이 되었다.

|05| '도탑다', '인정이 많다'를 뜻하는 독(篤) : 독실, 독지가, 돈독

독실한 기독교 신자인 그 **독지가**는 가난한 이들을 많이 도왔다. **독지가**는 도움을 받는 이들에게 돈만 주지 않고, 관계를 **돈독**히 하며, 그들이 새로운 삶을 살아가도록 용기를 주었다.

 보

|01| '걸음'을 뜻하는 보(步) : 보법, 보행, 활보, 답보

걸음걸이를 보면 학생들이 어떤 상태인지 다 드러난다. 한국의 청소년들은 대부분 바르고 당당한 **보법**으로 걷지 않는다. 모두들 **보행**을 얼마 배우지 못한 사람처럼 힘이 없고 뭔가 어설프다. 어깨를 쫙 펴고 당당하게 **활보**하는 고등학생을 우리나라의 거리에서 만나는 것은 쉽지 않은 일이다. 정확히는 모르지만 한국의 교육 상황은 내가 이민을 갔던 10년 전과 똑같아 보인다. 말 그대로 **답보** 상태다. 활기찬 걸음을 잃어버린 암울한 청소년들이 나중에 어른이 되어 어떻게 대한민국을 이끌까? 한국의 미래가 암담하다.

|02| '지키다'를 뜻하는 보(保) : 보루, 보장, 담보, 보류

공무원이나 교사가 되고 싶다고? 그러니까 두 직업이 네가 평생을 안전하게 생활할 수 있는 **보루**가 될 것이라고 보는구나? 미안하지만 그것은 착각이야. 그 어떤 직업도 평생 안전을 **보장**해주지는 못해. 혹시 안전을 **보장**한다고 해도 그것은 자신의 행복이나, 자유를 **담보**로 잡히는 거야. 네가 정말 하고 싶은 일이 아닌데 단지 안정을 위해 직업을 선택한다면 너는 평생 행복을 **보류**하고 살게 될 거야. 행복은 **보류**해둔다고 나중에 찾지 못해. 행복은 저축할 수 없어. 지금 누리는 거지.

|03| '돕다'를 뜻하는 보(補) : 보강, 보좌, 보완

오늘 또 김미숙 선생님이 **보강**을 들어왔다. 저 선생님은 우리 담임을 **보좌**하는 비서인가? 툭하면 **보강**하러 오게? 문제는 김미숙 선생님이 우리 담임보다 강의 실력이 많이 떨어진다는 것이다. 강의 실력을 **보완**하도록 해야지, 저러다가 학생들이 싫어할까봐 걱정이다.

|04| '갚다', '알리다'를 뜻하는 보(報) : 제보, 보도, 낭보, 보은

곧 납치범들이 인질을 풀어준다는 **제보**가 들어왔다. 인질이 풀려나는 순간을 생중계로 **보도**하기 위해 재빨리 중계차를 파견했다. 중계차는 가자마자 인질들이 풀려나고 있다는 **낭보**를 생방송으로 전했다. 인질들이 풀려나는 순간을 생중계로 **보도**한 방송국은 우리 밖에 없었다. 나는 이 **보도** 덕택에 칭찬과 더불어 보너스를 두둑하게 받았다. 그런데 도대체 누가 나한테 **제보**를 한 것일까? 누군지 알기만 하면 제대로 **보은**할 텐데…….

|05| '넓다'를 뜻하는 보(普) : 보급, 보편, 보통

처음 **보급**될 때만 해도 휴대전화는 아주 특별한 사람들이 쓰는 희귀한 전자 제품이었다. 지금은 모든 사람들이 보편적으로 쓴다. 휴대전화는 이제 보통 사람의 필수품이다.

|06| '보배', '보물'을 뜻하는 보(寶) : 가보, 보배, 국보

"이게 그 가보군요?"

"네, 조상 대대로 전해 내려온 우리 집안의 가보입니다. 값진 보배라는 것은 알겠는데 어느 정도인지 몰라서 선생님을 모셨습니다."

미술관에서 나온 전문가는 항아리를 자세히 관찰했다. 조금씩 전문가의 눈이 커지더니 손까지 부들부들 떨렸다.

"이것은 그냥 보배가 아닙니다. 이것은 국보 중에서도 최상급, 국보중의 국보라 해도 될 만큼 귀한 보배입니다."

법

|01| '법', '예의'를 뜻하는 법(法) : 요법, 기법, 불법, 법전, 편법

우리 조상들은 오랜 경험을 바탕으로 민간요법을 발전시켰다. 민간요법에 사용하는 치료 기법은 언뜻 보면 무식해보이지만 나름대로 과학적인 근거가 있다. 요즘은 전통 치료 기법을 체계적으로 연구하고 발전시켜 실제로 활용하는 사람들도 많다. 이런 민간요법을 이용해 남을 치료하는 행위는 의료법에 따르면 대부분 불법이다. 법전에 나온 규정의 빈틈을 이용해 편법적으로 치료를 하기도 하지만, 법대로만 따지면 분명히 불법이다.

|01| '법', '규정'을 뜻하는 규(規) : 규제, 규범, 규정, 규칙

환경보호를 위해서는 더욱 강력하게 쓰레기 투기를 규제해야 합니다. 조선시대에는 충효가 가장 중요한 생활규범이었다면, 지금은 환경보호가 가장 중요한 생활규범이라고 할 수 있습니다. 쓰레기 투기를 처벌하는 법 규정을 더욱 강화해야합니다. 규칙을 어기면 강력한 처벌을 받는다는 것을 알아야 쓰레기 투기범이 줄어들 것입니다.

19

만민萬民 : 민생民生 : 생계生計

이야기 속 어휘

　　도덕 선생님은 국어 선생님이 아닌데도 툭하면 글쓰기를 시킨다. 오늘 글쓰기 주제는 '생계형 범죄'였다. 예를 들어 배고파서 빵을 훔치는 장발장과 같은 사람을 어떻게 처리해야 할 것인지 의견을 쓰라는 것이다. 다음은 내가 쓴 글이다.

　　속담에 '3일 굶으면 웬만한 성인군자도 남의 것을 훔쳐 주린 배를 채운다'는 말이 있다. 굶으면 성인군자도 도둑질을 하는데, 그렇지 않은 평범한 사람은 더 말할 나위가 없다. 나는 예전에 엄마한테 혼난 뒤 아침 한 끼를 굶은 적이 있는데, 점심 때까지 배고파서 정말 힘들었다. 건강과 미용을 위해 단식을 하는 사람도 있다지만, 먹고 싶은데 먹지 못하고, 생계를 유지할 수 없을 정도로 굶는 것이 일상이 된다면 어느 누구든 범죄자가 될 수밖에 없다.

　　예전부터 정치의 가장 주된 임무는 민생을 돌보고, 만민이 굶주림에 떨지 않게 하는 것이었다. 요즘에도 정치인들이 선거철이 되면 가장 먼저 재래시장이나 가난한 사람들이 사는 곳을 찾는데, 이는 정치인들의 본분이 무엇이어야 하는지 잘 보여준다. 만약 정치인들이 평소에 민생을 잘 돌봤다면 생계형 범죄는 일어나지 않았을 것이다.

영국의 철학자 홉스는 원시시대 척박한 상황에서 '만민의 만민에 대한 투쟁'이 있었는데, 이를 해결하기 위해 사회 계약이 맺어졌고, 권력이 생겨났다고 보았다. 즉 권력이란, 만민의 만민에 대한 투쟁을 막고, 만민이 안전과 생존을 보장받는 사회를 만들어야 하는 임무가 있는 것이다.

생계형 범죄가 일어났다는 것은 범죄자가 죄를 지은 것이 아니라 이 사회를 이끄는 정치인이 죄를 지은 것이고, 이 나라 제도가 잘못되었다는 것을 뜻한다. 생계형 범죄를 예방하기 위해서는 정치가 올바로 서고, 가난한 이들을 따스하게 돌볼 수 있는 사회 제도를 갖추어져야 한다. 물론 그렇다고 생계형 범죄를 저지른 사람을 아무런 처벌도 하지 말자는 것은 아니다. 그들의 죄는 묻되, 다시는 생계형 범죄를 저지르지 않도록 스스로 살아갈 수 있는 길을 제시해주는 것이 필요하다는 말이다.

글을 제출했다. 도덕 선생님은 쭉 훑어보더니 내 글을 가장 먼저 읽어주셨다. 그리고 몇 사람의 글을 더 읽으셨다. 솔직히 도덕 선생님 수업이 그리 재미있는 것은 아니지만, 스스로 생각할 기회를 많이 주는 수업이라는 점에서는 다른 어떤 수업보다도 마음에 든다.

한자음 그물망

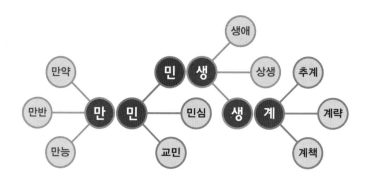

같은 음, 다른 뜻

만
'1만', '많은 수'를 뜻하는 만 (萬)   만반, 만능, 만민, 만약, 만금
'차다', '가득하다'를 뜻하는 만 (滿)   만료, 만기, 만끽, 비만
'늦다'를 뜻하는 만 (晚)   만년, 만혼, 만찬
'거만함', '게으름'을 뜻하는 만 (慢)   오만, 태만, 교만, 자만, 거만
'흩어지다'를 뜻하는 만 (漫)   산만, 방만, 만연

민
'백성'을 뜻하는 민 (民)   민생, 대한민국, 서민, 국민, 민원
'재빠르다'를 뜻하는 민 (敏)   민감, 민첩, 기민
'근심', '고민'을 뜻하는 민 (憫, 悶)   고민, 번민, 연민, 민망

생
'나다', '태어나다'를 뜻하는 생 (生)   생계, 생애, 상생

계
'세다', '꾀'를 뜻하는 계 (計)   계산, 추계, 계략, 계책
'지경', '경계'를 뜻하는 계 (界)   세계, 경계, 한계
'매다', '잇다'를 뜻하는 계 (系, 繼)   계통, 체계, 후계, 계승
'계절'을 뜻하는 계 (季)   사계, 동계, 계절

만

|01| '1만', '많은 수'를 뜻하는 만(萬) : 만반, 만능, 만민, 만약, 만금

여러분은 미래에 좋은 직장과 직업을 얻기 위해 **만반**의 준비를 하고 있습니다. 물론 여러분이 **만능**이라면 걱정이 없겠지만 개인의 능력에는 한계가 있지요. 더욱이 **만민**이 다 같이 노력하니 만민과의 대결에서 내가 이길 것이라는 보장도 없어요. 그런데도 여러분은 청소년 시기 10년의 행복과 즐거움을 포기하면서 공부만 합니다. **만약** 누군가 **만금**을 주고 십년의 삶을 팔라고 한다면, 그러니까 **만금**을 받는 대가로 주어진 목숨보다 10년 빨리 죽으라고 한다면 받아들이겠어요? 몇몇 사람을 제외하면 대부분 **만금**을 얻기 위해 10년이라는 세월을 포기하지는 않겠지요. 그런데 지금 여러분은 가능성도 많지 않은 싸움을 위해 10년이라는 세월을 포기하고 공부만 합니다. 뭔가 이상하다고 생각하지 않나요?

|02| '차다', '가득하다'를 뜻하는 만(滿) : 만료, 만기, 만끽, 비만

10대가 **만료**되기까지 중학생이라면 겨우 4~6년 정도밖에 남지 않았어요. 10대의 삶에 **만기**가 오기 전에 지금 청소년의 삶을 **만끽**하세요. 지나가는 여담인데 우리나라 교육제도에서 돈을 버는 산업은 사교육과 미용 산업이에요. 사교육은 알겠는데, 미용 산업은 왜 돈 버냐고요? 왜냐하면 10대 때 공부하느라 **비만**이 된 몸을 20대가 되어 날씬하게 만들려고 하기 때문이죠.

|03| '늦다'를 뜻하는 만(晚) : 만년, 만혼, 만찬

요즘은 나이가 들어 인생 **만년**에도 결혼하는 **만혼** 부부가 많다고 합니다. 왜 살날이 얼마 안 남은 노년인데 다시 결혼을 할까요? 그것은 행복을 포기하지 않기 때문이지요. 인간은 그 어떤 나이, 어떤 상황에서도 행복을 포기하지 않죠. 원래 화려한 식사를 가리키는 **만찬**은 저녁 식사입니다. 저녁 식사가 하루 세 끼 중 가장 맛있고 화려한 것처럼 노년의 행복이 가장 빛난답니다.

|04| '거만함', '게으름'을 뜻하는 만(慢) : 오만, 태만, 교만, 자만, 거만

10대 때 꼭 피해야 할 다섯 가지 '만'이 있는데, 그것은 바로 **오만**, **태만**, **교만**, **자만**, **거만**입니다. 태도나 행동이 건방진 **오만**, 노력하지 않고 게으른 **태만**, 잘난 체하는 **교만**, 지나치게 자신의 실력만 믿는 **자만**, 남들을 깔보는 **거만**, 이 다섯 가지 '만'은 절대 피해야 합니다. 반면에 10대 때 꼭 누려야할 '만'이 하나 있는데, 그것은 바로 낭만입니다. 낭만이 없는 10대는 불행한 시간을 보내는 것이나 마찬가지랍니다.

|05| '흩어지다'를 뜻하는 만(漫) : 산만, 방만, 만연

요즘 10대를 잘 보면 **산만**한 아이들이 많아요. 왜 그렇게 집중을 못하는지 이해가 안 되더군요. 자기 생활을 잘 관리하지 못해 **방만**하게 생활하는 경우도 많더 군요. 그래서 옆에서 부모들이 꼭 잔소리를 하고, 챙겨주어야 하죠. 그러니 대한 민국 부모들에게 **만연**한 지나친 잔소리는 어쩌면 여러분들이 자초한 일인지도 모르죠. **산만**하고 **방만**한 아이들을 위해 부모는 잔소리를 할 수밖에 없죠.

 # 민

|01| '백성'을 뜻하는 민(民) : 민생, 대한민국, 서민, 국민, 민원

뉴스에서 **민생**이라는 이야기를 많이 들어봤을 거예요. **대한민국** 정치인들이 입 에 달고 있는 소리죠. **민생**, 즉 일반 **서민**의 생활에서 가장 큰 비중을 차지하는 것이 교육일 것입니다. 아마 **국민**들에게 정부나 국회에 자유롭게 **민원**을 제기하 라고 하면, 교육이 가장 많이 차지할 것입니다.

|02| '재빠르다'를 뜻하는 민(敏) : 민감, 민첩, 기민

국민이 정치에 둔감하면 정치인들이 제멋대로 해요. 대한민국 국민과 학생이라 면 당연히 정치에 **민감**해야 합니다. 정치가 어떻게 돌아가는지 **민첩**하고 **기민**하 게 알아야 합니다. **민첩**하고 빠르게, **기민**하고 잽싸게 생각하고 행동하는 것은 학교에서 시험을 보거나 선생님을 피해서 장난칠 때만 필요한 것이 아니지요.

|03| '근심', '고민'을 뜻하는 민(憫, 悶) : 고민, 번민, 연민, 민망

요즘 청소년들은 **고민**이 많습니다. 우리나라처럼 경쟁 교육 사회에 사는 청소년 들은 선진국 청소년보다 훨씬 더 많은 **번민**으로 가득하겠지요. 그러면서도 공부 외에는 선택할 것이 없는 여러분에게 **연민**을 느낍니다. 솔직히 말하면 어른으로

서 **민망**하고, 부끄럽기도 해요. 여러분을 이렇게 만든 것은 99% 저를 비롯한 어른 세대니까요.

생

|01| '나다', '태어나다'를 뜻하는 생(生) : 생계, 생애, 상생

여러분이 심각한 교육 경쟁에 내몰리는 근본 이유는 불안한 **생계** 때문이지요. 한 마디로 먹고 살 걱정 때문인 것이지요. 10대 때는 대학만 가면 모든 걱정이 끝날 것 같지만 아닙니다. 아마 **생애** 내내 **생계** 걱정은 계속될 것입니다. 여러분은 공부 스트레스에 시달리지만 부모들은 부모님들대로 여러분 교육을 제대로 시키려는 스트레스로 힘듭니다. 이래저래 공부 때문에 부모도, 여러분도 고생이네요. 모두 행복해지는 비결, 그러니까 **상생**할 방법은 없을까요?

계

|01| '세다', '꾀'를 뜻하는 계(計) : 계산, 추계, 계략, 계책

대략적인 **계산**에 따르면 우리나라 학부모들이 한 해 동안 사교육에 쓰는 비용이 20조가 넘는다고 합니다. 그것도 대략 **계산**한 **추계**가 그렇다고 하니 아마 더 될 것입니다. 억지 추측이지만 아주 뛰어난 장사꾼이 **계략**을 써서 사교육을 이렇게 키워놓은 것인지도 모르겠어요. 교육정책에서 빠지지 않는 것이 바로 사교육비를 줄이는 것이지만, 항상 대부분 실패하죠. 사교육비를 줄이려면 일반적인 정책이 아니라 제갈공명도 놀랄 만한 **계책**이 필요할지도 모르겠습니다.

|02| '지경', '경계'를 뜻하는 계(界) : 세계, 경계, 한계

지금은 세계를 무대로 활동하는 세계화 시대입니다. 국가의 경계는 의미가 없으며, 미래에 대한 여러분의 꿈을 대한민국으로 제한하지 마세요. 꿈의 한계를 세계로 넓히세요.

|03| '매다', '잇다'를 뜻하는 계(系, 繼) : 계통, 체계, 후계, 계승

세계가 무대인만큼 여러분은 다양한 계통에서 활동할 수 있습니다. 이미 갖추어진 체계에 들어가려고 너무 애쓰지 마세요. 재벌 후계자의 풍요로운 삶을 부러워하지 마세요. 무한한 변화와 가능성이 있는 여러분의 삶이 훨씬 멋지니까요. 고리타분한 말 같지만 우리 전통을 계승하세요. 그것은 여러분의 꿈을 세계에 펼치는 데 큰 도움이 될 것입니다.

|04| '계절'을 뜻하는 계(季) : 사계, 동계, 계절

우리나라의 사계는 모두 아름답지만 특히 아름다운 것은 동계입니다. 왜 겨울이 가장 아름답냐고요? 겨울이 있기에 봄이 오고, 무엇보다 겨울이 봄을 감사하게 만들기 때문이지요. 힘들면 지금이 겨울이라고 생각하세요. 겨울은 가장 아름다운 계절입니다.

20
모반謀反 : 반증反證 : 증서證書

이야기 속 어휘

선생님의 지시에 따라 반장이 휴대전화를 돌려주면 오늘의 학교생활이 끝났다는 의미다. 대부분의 아이들은 마치 헤어졌다 다시 만난 애인이라도 되는냥 휴대전화를 소중히 맞이한다. 뭐 나도 크게 다르지 않다. 혹시 문자가 와 있나 확인하고, 이것저것 눌러 보기도 한다.

반장이 휴대전화를 나눠주지도 않았는데, 현호는 휴대전화를 나에게 슬쩍 흔들어 보였다. 하루 동안 들키지 않고 휴대전화를 몰래 감추었다는 뜻이다. 현호는 하루 동안 몰래 간직한 휴대전화가 마치 승리의 증서라도 되는 듯 자랑스러운 표정이었다.

나는 무심코 혁규를 봤다. 가만히 보니 혁규도 반장이 나눠주기 전에 휴대전화를 꺼내들었다. 이건? 혁규와 현호는 가장 사이가 안 좋으면서도 서로 많이 닮았다는 반증인지도 모른다. 어쩌면 저렇게 똑같은지, 똑같이 나쁜 짓하고 똑같이 자랑스러워하는 모습이 꼭 모반을 함께 꾸민 반란군인 것 같다.

내가 휴대전화를 받고 만지작거리고 있는데, 현호가 낄낄거리며 다가왔다.

"야, 그리 좋냐. 낄낄. 나는 하루 종일 몰래 휴대전화 썼잖아."

나는 휴대전화만 쳐다볼 뿐 대꾸하지 않았다.

"짜식 너 쫄아서 냈지? 걸리지도 않는데 뭐 하러 내냐? 나는 지금까지 한 번도 안 냈잖아. 크크."

현호는 나랑 친하다는 뜻에서 이런 이야기를 하는지 모르겠지만 나는 현호 말을 들으면서 어쩌면 현호가 별로 좋은 친구가 아니라는 **반증**인지도 모른다는 생각이 들었다. 진실하지 못한 아이로 여겨졌기 때문이다. 우리 반에서 현호와 가장 잘 어울리는 친구는 혁규인지도 모른다. 둘은 너무 비슷하다. 지금은 서로 원수처럼 지내지만 아마 나중에 둘이 가장 친한 친구가 되지 않을까 싶다.

휴대전화를 받은 뒤에는 교실 청소를 가볍게 한다. 별로 치울 것도 없지만 교실 주변을 치우고, 담당 구역을 간단히 정리해야 한다. 그런데 청소 시간이 되자마자 현호는 사라져 버렸다. 아무리 봐도 보이지 않았다. 혁규도 마찬가지였다. 또다시 둘이 함께 **모반**을 꾸미는 반란군처럼 여겨졌다. 어쩌면 저렇게 서로 안 좋은 행동만 같이 하는지 모르겠다. 나는 고개를 절레절레 흔들었다. 아무래도 현호와 친하게 지내지 않는 것이 좋겠다는 생각이 계속 들었다.

선생님의 종례를 끝으로 오늘 학교생활은 끝났다. 그러나 공부가 끝난 것은 아니다. 또다시 새로운 공부가 기다린다. 휴, 한 고비 넘어 또 한 고비다.

한자음 그물망

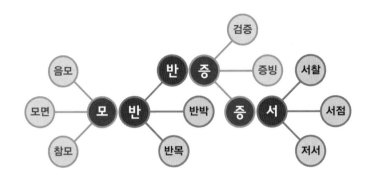

같은 음, 다른 뜻

모

'꾀'를 뜻하는 모 (謀)	모반, 음모, 참모, 모면, 모략
'본뜨다'를 뜻하는 모 (模)	규모, 모호, 모양
'어머니'를 뜻하는 모 (母)	모자, 모교, 모음
'털'을 뜻하는 모 (毛)	모피, 불모, 모발
'모으다'를 뜻하는 모 (募)	모집, 모병, 응모
'그리워하다'를 뜻하는 모 (慕)	사모, 추모, 흠모

반

'되돌리다'를 뜻하는 반 (反)	이반, 반박, 반발, 반목
'절반'을 뜻하는 반 (半)	반백, 반도, 과반
'가지', '종류'를 뜻하는 반 (般)	제반, 별반, 일반

증

'증거', '증명'을 뜻하는 증 (證)	증빙, 증서, 방증, 검증
'병의 증세'를 뜻하는 증 (症)	염증, 증세, 증상
'더하다'를 뜻하는 증 (增)	증진, 증축, 증감
'주다'를 뜻하는 증 (贈)	증여, 기증, 증정

서

'글'을 뜻하는 서 (書)	서찰, 서점, 저서
'서쪽'을 뜻하는 서 (西)	서해, 서양, 서기
'실마리'를 뜻하는 서 (緒)	두서, 단서
'차례'를 뜻하는 서 (序)	서론, 서막, 질서, 서열

모

|01| '꾀'를 뜻하는 모(謀) : 모반, 음모, 참모, 모면, 모략

내가 **모반**에 가담해서 장군을 헤치려고 한다는 소문을 내고 다니는 놈이 누굴 까? 아니 도대체 누가 그런 **음모**를 꾸미고 다니는 거야?

분명히 장군님을 가까이서 모시는 **참모** 중의 한 명일 거야. 자기가 잘못한 책임을 **모면**하려고 나를 끌어들여 **모략**을 꾸미는 거야. 내가 반드시 밝혀내고야 말겠어.

|02| '본뜨다'를 뜻하는 모(模) : 규모, 모호, 모양

규모가 크다고 할지, 작다고 할지 조금 애매**모호**하네요. 일단 겉**모양**은 마음에 들지만 **규모**를 확인해야겠습니다.

|03| '어머니'를 뜻하는 모(母) : 모자, 모교, 모음

모자는 함께 학교를 방문했다. 이 학교는 **모자** 모두의 **모교**였다. **모자**는 자음과 모음처럼 사이좋게 운동장을 가로질러 교무실 쪽으로 향했다.

|04| '털'을 뜻하는 모(毛) : 모피, 불모, 모발

예전에 그냥 옷의 하나인 **모피**를 왜 반대하느냐고 할 정도로 한국은 동물보호 운동의 **불모**지대였다. 경제 발전을 이유로 야생동물의 생활 터전을 파괴하는 것을 아무렇지도 않게 여겼으니 **불모**지대라 할 만하다. 처음 **모피** 반대 운동을 할 때 어떤 사람은 사람이 **모발**을 깎듯이, **모피**도 그냥 동물들의 털을 깎아서 만든 것이 아니냐고 말했다. 그 당시 한국 사람들은 **모피** 코트 하나를 만들기 위해 수많은 동물을 잔인하게 죽인다는 사실을 전혀 몰랐다.

|05| '모으다'를 뜻하는 모(募) : 모집, 모병, 응모

우리나라는 건강한 성인 남자면 전부 군대에 가야 하지만, 미국은 지원한 사람만 군대에 간다. 우리나라와 같은 사병 **모집** 방식을 징병제라 하고, 미국과 같은 방식을 **모병**제라고 한다. 미국은 군대에 지원할 청년들을 **모집**하기 위해 젊은이들을 대상으로 **모병** 광고를 하기도 한다. **모병**제에서는 지원한다고 해서 모두 군인이 되는 것은 아니다. 일정한 **응모** 자격을 갖추어야만 한다.

|06| '그리워하다'를 뜻하는 모(慕) : 사모, 추모, 흠모

평소에 늘 **사모**하던 선생님이 돌아가셨다는 소식을 외국 출장 중에 들었다. 선생님이 돌아가신지 49일이 된 날, 선생님의 모교에서 **추모**식이 열린다고 하여, 나는 황급히 출장을 마무리하고 어렵게 **추모**식에 맞춰 귀국했다. 선생님을 **흠모**하는 많은 사람들이 모여 **추모**하는 눈물을 흘렸다.

반

|01| '되돌리다'를 뜻하는 반(反) : 이반, 반박, 반발, 반목

대통령님, 지금 민심 **이반**이 심각합니다. 민심이 대통령님을 떠나고 있습니다. 국민들의 요구를 무조건 **반박**하지 마시고 한번 제대로 들어보십시오. 국민들이 대통령님의 정책에 **반발**하는 것은 타당한 이유가 있습니다. 지금처럼 대통령과 국민이 서로 **반목**하고 갈등하면 나라가 위기에 빠집니다.

|02| '절반'을 뜻하는 반(半) : 반백, 반도, 과반

반백년 동안 한**반도** 남쪽은 참 많이 변했다. 반백년 전에는 **과반**이 넘는 인구가 농촌에 살았는데, 이제는 정반대로 **과반**을 훨씬 넘는 인구가 도시에 산다.

|03| '가지', '종류'를 뜻하는 반(般) : 제반, 별반, 일반

우리 반에 닥친 **제반** 사항에 대해 선생님과 의견을 나누었지만, **별반** 성과를 얻지는 못했다. 선생님은 그냥 **일반**적인 이야기만 할 뿐, 우리 요구를 받아들이지 않았다.

 증

|01| '증거', '증명'을 뜻하는 증(證) : 증빙, 증서, 방증, 검증

"네가 책을 돌려줬다는 것을 확실히 **증빙**할 만한 것이 있니?"

"**증서** 같은 것 말씀이세요?"

"그래, 뭐 서류나 종이에 서명이나 도장을 받아 놓은 것이라도 있어?"

"아뇨. 없어요. 하지만 저희 집에 그 책이 없다는 것이 제가 돌려주었다는 **방증** 아닌가요?"

"그 정도는 방증이라 하기 어려워. 너희 집에 없다고 해도 네가 다른 곳에 둘 수도 있고, 다른 사람에게 잘못 돌려줬을 수도 있잖아."

"아, 그러면 제 친구나 제가 갈 만한 곳을 다 돌아다니면서 **검증**해보면 되잖아요."

"그러면 좋겠지만 시간과 비용이 너무 많이 들어."

|02| '병의 증세'를 뜻하는 증(症) : 염증, 증세, 증상

무릎의 **염증**이 심해진데다, 독감 **증세**도 나타났다. 온몸에 빨간 반점이 돋는 증상까지 더해지니 응급차를 부를 수밖에 없었다.

|03| '더하다'를 뜻하는 증(增) : 증진, 증축, 증감

학생들의 체력 **증진**을 위해서 학교 내에 헬스클럽을 **증축**하기로 했습니다. 헬스클럽을 **증축**하는 비용은 학부모회가 알아서 하기로 했기 때문에 학교 예산은 아무런 영향을 받지 않습니다. 예산 **증감**이 전혀 없으니 따로 회계 서류를 정리할 필요도 없습니다.

|04| '주다'를 뜻하는 증(贈) : 증여, 기증, 증정

요즘 재벌들이 온갖 편법을 써서 재산을 자식에게 **증여**하는 것을 보면 참 씁쓸하다. 유한양행을 설립한 유일한 박사는 회사를 자식에게 물려주지 않고 모두 사회에 **기증**했다. 유일한 박사는 우리들 마음에 꽃보다 아름다운 선물을 **증정**하고 가셨다. 그것은 바로 나눔의 꽃이었다. 재벌들이 유일한 박사를 반만이라도 따라 하면 얼마나 좋을까?

서

|01| '글'을 뜻하는 서(書) : 서찰, 서점, 저서

조봉호는 서찰을 한 번 읽어보고는 다시 봉투에 넣었다. 그리고 서점에 가자마자 주인에게 서찰을 내밀었다. 서점 주인은 그 서찰을 읽어보더니 이선달 선생이 쓴 저서를 한 권 내밀었다. 조봉호는 서찰을 넣었던 봉투에 서점 주인에게 받은 책을 넣고 서점을 나섰다.

|02| '서쪽'을 뜻하는 서(西) : 서해, 서양, 서기

서해의 맞은편에 동해가 있고, 서양의 맞은편에 동양이 있네. 그런데 왜 서기의 맞은편에는 아무것도 없는가? 서기는 예수가 태어난 해를 기준으로 역사의 시간을 구분한 것일세. 동양에는 예수만큼 역사에 큰 영향을 끼친 인물이 전혀 없었다는 말인가?

|03| '실마리'를 뜻하는 서(緒) : 두서, 단서

용의자들이 두서없이 떠드는 말 속에서 셜록홈즈는 범인을 밝힐 단서를 찾아냈다.

|04| '차례'를 뜻하는 서(序) : 서론, 서막, 질서, 서열

제 생각에 논술은 서론이 중요하고, 연극은 서막이 중요합니다. 왜냐하면 처음이 어긋나면 전체의 질서가 흐트러지기 때문입니다. 뭐가 중요한지 서열을 따지고 싶지는 않지만, 굳이 서열을 매긴다면 가장 중요한 것은 시작, 즉 서론 부분이 아닐까 합니다.

21

무심無心 : 심혈心血 : 혈통血統

이야기 속 어휘

초인종을 눌렀는데, 문을 열어 주지 않았다. 분명히 이 시간에 엄마가 집에 계실 텐데……. 나는 괜히 심통이 나서 몇 번이나 더 벨을 눌렀다. 문이 안 열렸다.

"에이, 귀찮게."

나는 비밀번호를 누르고 집으로 들어갔다. 엄마는 거실에 앉아 계셨다. 뭔가 열심히 하고 계셨다.

"엄마, 있으면서 왜 문을 안 열어 줘."

"어, 어, 왔냐? 나 바뻐."

엄마는 날 쳐다보지도 않고 뭔가에 빠져 있었다. 나는 엄마를 잘 알기 때문에 아무 소리도 하지 않았다. 내가 뭐라고 해봐야 아무 소용이 없다는 것을 알기 때문이다. 이는 엄마의 장점이면서 동시에 단점이다. 엄마는 어떤 일이든 한 번 빠지면 심혈을 기울여서 집중한다. 누가 옆에서 뭐라고 해도 신경 쓰지 않는다. 그것은 누나도 비슷하다. 누나도 어느 하나에 빠지면 아무것도 신경 쓰지 않는다. 다만 누나가 엄마와 다른 것은 엄마가 제법 중요한 일에 **심혈**을 기울이는 반면에, 누나는 정말 사소한 일에 온 정신을 쏟는다는 점이다. 아침 화장실에서 30분 동안 머무는 것도 그 중 하나다.

엄마가 어느 하나에 집중을 잘하지만 어떤 때는 정말 필요한 것에 지나치게 무심하기도 하다. 엄마는 하나에 빠져들면 다른 것은 완전히 관심 밖이다. 가끔씩 나를 무심하게 대해서 상처 받을 때도 있다. 그것은 누나도 마찬가지다. 자기가 관심을 두는 것 외에는 완전히 둔감하다.

엄마와 누나는 같은 **혈통**이 아니랄까 봐 하나부터 열까지 닮았다.

"어이구, 너는 어떻고. 너는 아빠하고 완전히 똑같아."

엄마와 똑같다고 하면 누나는 나와 아빠가 더 닮았다고 한다. 맞다. 나는 아빠랑 너무 똑같다. 누나와 엄마가 닮은 것보다 더 심하게 닮았다. 어딜 가든 아빠 아들이라는 **혈통**을 속일 수가 없다. 다들 한눈에 척 보고 알아본다. 그것이 좋은 것인지 나쁜 것인지는 모르겠지만……

엄마가 앉아 있는 거실 벽에는 가족사진이 걸려 있다. 거기에 아빠의 어릴 적 모습이, 나의 미래 모습이 담겨 있다. 물론 엄마의 어릴 적 모습과 누나의 미래 모습도 담겨 있다. **혈통**이라는 것, 정말 알다가도 모르겠다.

한자음 그물망

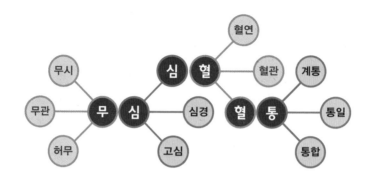

같은 음, 다른 뜻

무
'없다'를 뜻하는 무 (無)	무관, 무시, 무심, 허무
'무기', '무력'을 뜻하는 무 (武)	무예, 문무, 무기, 무력
'춤추다'를 뜻하는 무 (舞)	가무, 무용, 난무
'일에 힘쓰다'를 뜻하는 무 (務)	용무, 업무, 임무, 책무

심
'마음', '심장'을 뜻하는 심 (心)	고심, 심중, 심경, 심혈
'살피다'를 뜻하는 심 (審)	심판, 오심, 심사
'깊다'를 뜻하는 심 (深)	심해, 심층, 심야, 심각

혈
| '피'를 뜻하는 혈 (血) | 혈통, 혈연, 혈기, 혈관 |
| '구멍'을 뜻하는 혈 (穴) | 삼성혈, 혈거, 묘혈 |

통
'합치다'를 뜻하는 통 (統)	계통, 통합, 통솔, 통일
'통하다'를 뜻하는 통 (通)	통풍, 통로, 교통, 통신
'아픔'을 뜻하는 통 (痛)	통증, 통탄, 통곡
물건을 담는 통 (桶)	우체통, 필통, 원통

무

|01| '없다'를 뜻하는 무(無) : 무관, 무시, 무심, 허무

내 진로는 내 뜻과는 전혀 무관하게 결정되었다. 내 의견은 철저히 무시되었다. 하늘에는 무심한 구름만 한가로이 떠다녔다. 이렇게 대학에 가려고 그동안 고생을 했는지 정말 허무했다.

|02| '무기', '무력'을 뜻하는 무(武) : 무예, 문무, 무기, 무력

이순신 장군은 무예만 뛰어난 장수가 아니었다. 난중일기의 뛰어난 문장이 증명하듯이 이순신 장군은 문무를 겸비했다. 장군은 새로운 무기를 개발하는 데 힘썼는데, 강력한 무력은 강한 무기가 필수라고 믿었기 때문이다.

|03| '춤추다'를 뜻하는 무(舞) : 가무, 무용, 난무

변 사또는 툭하면 광한루에서 기생들을 불러 놓고 음주가무를 즐겼다. 수많은 기생들이 흥겨운 **무용**과 노래로 잔치 분위기를 돋우었다. 변 사또는 백성보다 자신의 쾌락과 재산을 늘리는 데만 관심을 기울였다. 당연히 남원 고을은 불법과 비리가 **난무**하는 최악의 고을이 되고 말았다.

|04| '일에 힘쓰다'를 뜻하는 무(務) : 용무, 업무, 임무, 책무

개인적인 **용무** 때문에 교무실에 들렀던 어느 날, **업무**를 보시던 선생님은 나에게 중요한 **임무**를 맡겼다. 우리 반에서 은근히 벌어지는 폭력을 확인하는 일이 내 **임무**였다. 나는 얼마 지나지 않아 우리 반에서 벌어지는 은밀한 폭력을 모두 파악했다. 안타깝게도 내 친한 친구도 거기에 가담했다. 나는 고민했지만 진실을 말하는 것이 나의 **책무**라는 생각에 모든 것을 선생님께 말씀드렸다.

 심

|01| '마음', '심장'을 뜻하는 심(心) : 고심, 심중, 심경, 심혈

나는 **고심** 끝에 내 **심중**에 묻어두었던 말을 S에게 털어놓았다. 내 고백을 들은 S도 자신의 **심경**을 털어 놓았다. S도 우리가 **심혈**을 기울였던 사업이 이대로 사라지지 않기를 원했다. 우리는 손을 굳게 잡았다.

|02| '살피다'를 뜻하는 심(審) : 심판, 오심, 심사

축구 **심판**은 축구 경기를 좌우한다. 만약 **심판**이 **오심**을 하면 경기 결과가 완전히 뒤집힌다. 그래서 **심판**이 되려면 엄격한 **심사**를 통과해야 한다.

|03| '깊다'를 뜻하는 심(深) : 심해, 심층, 심야, 심각

깊은 바다는 속이 잘 보이지 않듯이, 깊은 속마음도 **심해**처럼 잘 보이지 않는다. **심층**적으로 살피지 않으면 자신도 자기 속마음을 알기 어렵다. **심야** 시간에 진행되는 FM 방송의 전문가 상담 시간에는 자신의 속마음을 알고 싶어 하는 시청자들의 전화가 끊이지 않는다. 시청자들의 **심각**한 이야기를 듣다 보면 '자기 속마음을 아는 것이 정말 어렵고 힘들구나'하는 생각이 든다.

혈

|01| '피'를 뜻하는 혈(血) : 혈통, 혈연, 혈기, 혈관

정말 **혈통**은 무시하지 못하는 것일까? 남편과 아들은 누가 **혈연** 관계가 아니랄까 봐 일을 하는 모양새가 똑같다. 무슨 일이든지 시작할 때는 **혈기** 넘치게 달려든다. 내가 반대라도 하면, 목의 **혈관**이 돋아날 정도로 열을 내며 왜 해야 하는지를 설명한다. 시작할 때 그렇게 **혈기**왕성 하지만 막상 일을 마무리할 때쯤이면 항상 흐지부지 끝낸다.

|02| '구멍'을 뜻하는 혈(穴) : 삼성혈, 혈거, 묘혈

제주 **삼성혈**은 제주도의 고씨·양씨·부씨의 시조가 솟아났다는 3개의 구멍을 말한다. 원시시대에는 **혈거** 생활, 그러니까 동굴에서 살며 사냥으로 먹고 살았다. 이 세 시조도 **혈거** 생활을 하며 사냥으로 먹고 살다가 다섯 곡식의 씨와 송아지·망아지를 들고 온 벽랑국의 세 공주와 각각 결혼하여 농경 생활을 시작했다고 한다. '**묘혈**을 판다'는 말은 스스로 파멸의 길로 나아간다는 말인데, 제주 **삼성혈**은 파멸의 **묘혈**이 아니라 생명의 혈이다.

통

|01| '합치다'를 뜻하는 통(統) : 계통, 통합, 통솔, 통일

주몽은 다섯 계통의 부족을 통합하여 고구려를 건국하였다. 주몽의 뛰어난 통솔력을 바탕으로 다섯 부족은 하나의 강력한 국가로 통일되었다.

|02| '통하다'를 뜻하는 통(通) : 통풍, 통로, 교통, 통신

전혀 통풍이 되지 않는 방은 정말 답답하다. 바람이 통하지 않으면 숨이 막히기 때문이다. 마음을 전하고 생각을 나누는 통로가 막히면 통풍이 되지 않는 방에 있는 것처럼 답답함을 느낀다. 인산이 교통과 통신을 끊임없이 발전시켜 온 것은 사람과 사람 사이에 마음을 더욱 잘 나누고 싶은 소망 때문은 아니었을까?

|03| '아픔'을 뜻하는 통(痛) : 통증, 통탄, 통곡

할머니는 돌아가시기 전까지 극심한 통증에 시달렸다. 현지는 통증에 시달리는 할머니를 위해 아무것도 할 수 없는 자신을 통탄하며 눈물을 흘렸다. 더 이상 병의 고통으로 통곡하는 사람이 없게 하겠다고 결심한 현지는 의사가 되기로 다짐했다.

|04| 물건을 담는 통(桶) : 우체통, 필통, 원통

우체통은 왜 늘 사각형일까? 이 필통처럼 우체통도 원통 모양으로 만들면 안 될까?

22

미력微力 : 역설力說 : 설파說破

이야기 속
어휘

    집에 오면 나는 먼저 가방을 내려놓고, 옷을 갈아입고, 씻은 뒤에 책상 앞에 앉는다. 그리고 영어 책을 꺼내든다. 지금 읽는 책만 해도 벌써 53번 읽었다. 오늘은 54번째 읽는다. 이것은 아빠가 독서와 더불어 나에게 반드시 지키라고 요구한 것이다. 나는 영어 학원에 다니지 않는다. 아빠는 영어 공부법과 관련해 나름대로 철학이 있다. 아빠는 영어 공부의 원칙에 관해 늘 이렇게 역설하신다.

    "영어는 언어다. 언어는 많이 듣고, 많이 읽으면서 익혀야 한다. 어릴 때 우리 말을 어떻게 익혔는지 생각해보면 분명해진다. 많이 듣는 것이 먼저다. 소리에 익숙해져야 한다. 그리고 많이 읽어야 한다. 책을 많이 읽으면 그것을 통해 언어 능력이 자연스럽게 길러진다. 영어도 마찬가지다. 많이 듣고, 많이 읽는 것이 가장 좋은 공부법이다."

    아빠는 주변에 아는 사람들에게 늘 이런 주장을 설파하신다. 하지만 주위 사람들은 아빠 말에 별로 귀를 기울이는 것 같지 않다. 아무래도 아빠의 주장을 널리 퍼트리기에는 아빠의 힘이 부족하다. 그래서 내가 열심히 아빠 방식으로 영어 공부를 하는 것이다. **미력**하나마 내 힘으로 아빠의 주장이 설득력이 있음을 증명하고 싶다. 내가 아빠의 방법으로 영어를 공부해서 정말 잘한다는 것을 증명하면 아빠의 주장이 힘을 얻을 수 있으리라 믿는다.

나는 소리 내서 영어 책을 읽었다. 한 번은 묵독으로, 한 번은 소리를 내서 읽는데 오늘은 소리 내서 읽을 차례다. 한 시간 넘게 영어 책을 읽고 난 뒤에는 영어 DVD를 본다. 지금 보는 영어 DVD는 35번 보았다. 오늘 보면 36번째다. 너무 많이 봐서 그런지 어떤 소리를 하는지 완전히 알아듣는다. 대사도 거의 다 외워서 다음에 무슨 말이 나올지 따라 할 수도 있다.

나는 아빠가 말하는 방식으로 영어 공부를 하면서 아빠가 **역설**하시는 공부법이 타당하다는 생각을 자주한다. 예전에는 영어가 잘 들리지도 않고, 영어 책을 읽어도 곧바로 해석이 되지 않는데, 이제는 웬만한 영화를 보면 영어가 거의 다 들리고, 내 수준에서 읽을 만한 영어 책은 우리말로 된 책을 읽듯이 읽을 수 있다. 학교 시험에서는 어떤 성적이 나올지 모르지만, 잘 알아듣고, 말 잘하고, 잘 읽고, 잘 쓰면 그것이 진짜 영어 실력이라고 믿는다.

한자음 그물망

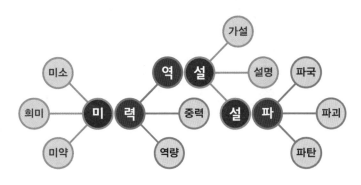

같은 음, 다른 뜻

미
'작다'를 뜻하는 미 (微)	희미, 미미, 미약, 미력, 미소
'아름다움'을 뜻하는 미 (美)	미추, 미인, 미덕
'아니다'를 뜻하는 미 (未)	미숙, 미흡, 미달
'쌀'을 뜻하는 미 (米)	미곡, 백미, 미음
'맛'을 뜻하는 미 (味)	흥미, 미각, 음미, 미식가

역[력]
'힘'을 뜻하는 역 (力)	역설, 역량, 역동, 중력
'바꾸다'를 뜻하는 역 (易)	무역, 교역
'땅의 경계'를 뜻하는 역 (域)	구역, 성역, 역내, 역외, 지역
'일을 시키다'를 뜻하는 역 (役)	병역, 역할, 징역, 주역
'거스르다', 배반하다'를 뜻하는 역 (逆)	반역, 역전, 역류, 역행
'번역하다'를 뜻하는 역 (譯)	번역, 내역, 통역

설
'말하다'를 뜻하는 설 (說)	역설, 선파, 가설, 설명
'겨울에 내리는 눈'을 뜻하는 설 (雪)	설원, 폭설, 설경
'혀'를 뜻하는 설 (舌)	구설수, 독설, 설전

파
'깨뜨리다'를 뜻하는 파 (破)	파국, 파탄, 파괴, 타파
'물결'을 뜻하는 파 (波)	파동, 파도, 여파, 풍파

미

|01| '작다'를 뜻하는 미(微) : 희미, 미미, 미약, 미력, 미소

어둠 속에서 희미하나마 불빛이 아른거렸다. 불빛 주위로 사람들이 하나씩 모여
들었다.

"이거 미미하지만 선생님 일하시는 데 써주십시오."

나이든 농부는 작은 보따리를 내밀었다.

"미약하지만 저도 선생님을 돕고 싶습니다."

"저도 써주십시오. 미력한 힘이나마 최선을 다하겠습니다."

두 젊은이가 나서며 말했다.

선생님이라 불리는 사람은 마을 사람들을 바라보며 살짝 미소를 지었다.

|02| '아름다움'을 뜻하는 미(美) : 미추, 미인, 미덕

현대인들에게는 미추가 사람의 착함과 나쁨까지 결정하는 듯하다. 예쁜 것이 착

한 것이다. 미인은 자연스럽게 미덕도 갖춘다고 믿는 듯하다. 반면에 못생기면 나쁜 것이다. 못생기면 타고난 품성도 악하다고 믿는 듯하다. 우리들의 일그러진 인식이다.

|03| '아니다'를 뜻하는 미(未) : 미숙, 미흡, 미달

솔직히 제가 일이 많이 미숙합니다. 저도 인정합니다. 제 자신도 많이 미흡하다고 생각하니까요. 제가 아직 선생님이 원하시는 실력에는 기준 미달이라는 것을 잘 압니다. 그래도, 한 번만 더 기회를 주십시오.

|04| '쌀'을 뜻하는 미(米) : 미곡, 백미, 미음

외할머니는 미곡 창고에서 쌀 한 그릇을 퍼왔다. 새하얀 백미였다. 외할머니는 아파서 누워 있는 나를 위해 미음을 끓였다. 다른 것은 먹기만 하면 토했는데, 외할머니가 끓여주신 미음을 먹으니 속이 편안했다.

|05| '맛'을 뜻하는 미(味) : 흥미, 미각, 음미, 미식가

이 요리는 정말 흥미롭군. 냄새만으로 미각을 자극해. 이런 음식은 급하게 먹으면 안 돼. 맛뿐만 아니라 향기도 충분히 음미하면서 먹어야지. 그래야 진짜 미식가라 할 수 있지.

역

|01| '힘'을 뜻하는 역(力) : 역설, 역량, 역동, 중력

선생님은 단결의 중요성을 역설했다. 우리 모두의 역량을 다해 단결해야 한다고 강조했다. 나는 선생님의 말씀에 동의하기 때문에 우리 반의 단결을 위해 **역동적**으로 활동했다. 내 활동에 다른 아이들도 동참했다. 우리는 오랜 갈등을 끝내고 거대한 **중력**에 이끌린 것처럼 하나로 뭉치기 시작했다.

|02| '바꾸다'를 뜻하는 역(易) : 무역, 교역

콜럼버스, 바스쿠다가마, 마젤란 등의 모험가들이 새로운 바닷길을 열기 전까지 동서 **무역**은 실크로드를 통해 이루어졌다. 그러나 신항로가 열리면서 동서 **무역**의 중심이 육지에서 바다로 이동했다. 이후 거의 대부분의 **교역**이 육지가 아니라 바다를 통해 이루어졌다.

|03| '땅의 경계'를 뜻하는 역(域) : 구역, 성역, 역내, 역외, 지역

종묘는 조선의 일반 백성들에게는 출입이 철저히 금지되는 **구역**이었다. 그런데 일부 일본인들이 조선의 소중한 **성역**인 종묘에 들어가 음주가무를 벌였다. 힘없는 조선 왕실은 그저 당하기만 할 뿐, 한 마디 항의도 하지 못했다.
오히려 **역내** 국가인 청과 러시아, **역외** 국가인 프랑스와 영국이 일본에 항의를 했다. 일본의 행위는 동아시아 **지역**의 평화를 해치고 조선의 자주권을 침해하는 불법적인 행위라는 것이다.

|04| '일을 시키다'를 뜻하는 역(役) : 병역, 역할, 징역, 주역

병역을 마친 뒤 현수는 극단에 들어갔다. 그러나 이제 막 군대를 마친 현수에게는 중요한 **역할**이 주어지지 않았다. 첫 연극에서 **징역** 생활을 하는 죄수로 출연했는데, 그는 주인공이 아니었음에도 관객들의 폭발적인 관심을 받았다. 연극의 인기는 날로 치솟았는데, 인기의 **주역**은 남녀 주인공이 아니라 현수였다.

|05| '거스르다', '배반하다'를 뜻하는 역(逆) : 반역, 역전, 역류, 역행

반역은 성공하는 듯하였으나 지원군이 도착하자 상황은 금방 역전되었다. 반역은 실패했고, 반란군들은 청계천 쪽으로 도망을 쳤다. 그때 갑자기 폭우가 쏟아졌다. 청계천의 물이 넘치면서 엄청난 물이 길 쪽으로 역류하였다. 마치 하늘의 뜻에 역행하는 반란을 일으킨 책임을 묻는 듯 거센 역류가 반란군을 덮쳤다.

|06| '번역하다'를 뜻하는 역(譯) : 번역, 내역, 통역

여기 외국 서적을 번역하고 벌어들인 수입 내역과 국제회의에서 동시통역사로 활동하면서 벌어들인 수입 내역이 모두 적혀 있습니다.

 설

|01| '말하다'를 뜻하는 설(說) : 역설, 설파, 가설, 설명

"제 아들이 학원을 더 많이 보내면 보낼수록 성적은 더 떨어지네요."

"참 역설적이네요. 돈을 더 들이면 더 성적이 떨어지니."

"왜 그러는 것일까요? 선생님이 평소에 설파하신 대로 사교육의 부작용인가요?"

"가설이기는 하지만 아무래도 자녀분은 학원을 다니면 다닐수록 스스로 노력을 더 하지 않는 것 같습니다."

"조금 더 자세히 설명해 주시겠어요?"

|02| '겨울에 내리는 눈'을 뜻하는 설(雪) : 설원, 폭설, 설경

아무리 사방을 둘러봐도 백색의 설원밖에 보이지 않았다. 밤새 엄청난 폭설이 내린 모양이었다. 정말 아름다운 설경이었지만 나는 풍경을 감상할 만큼 마음이 한

가하지 않았다.

|03| '혀'를 뜻하는 설(舌) : 구설수, 독설, 설전

TV 토론 바로 전, 담당 PD가 내게 충고했다.

"토론을 하다 보면 사소한 말 하나가 시빗거리로 되어 **구설수**에 오릅니다. 그러니 상대편이 아무리 심한 말로 **독설**을 퍼부어도 꼭 참으십시오."

"알겠습니다. 명심하지요."

실제로 텔레비전 토론에서 나는 상대편 토론자와 치열한 **설전**을 벌이면서도 부드러운 말만 썼다. 상대편 토론자가 **독설**을 해도 꼭 참고 예의에 어긋나는 말은 하지 않았다.

 # 파

|01| '깨뜨리다'를 뜻하는 파(破) : 파국, 파탄, 파괴, 타파

사태는 점점 **파국**으로 치달았다. 주식 하락으로 어려움을 겪던 경제는 대규모 지진이 발생하자 완전히 **파탄**나고 말았다. 중요한 산업 시설도 대부분 **파괴**되었다. 정부는 아무런 역할도 하지 못했고, 국민들은 희망을 잃고 좌절했다. 그때 그가 나타났다.

"우리가 마음으로 포기할 때가 진짜 **파국**입니다. 좌절과 절망을 **타파**하고 희망의 싹을 키웁시다."

국민들은 그의 말을 듣고 용기를 냈다. 그리고 기적처럼 **파탄**난 경제를 되살렸다.

|02| '물결'을 뜻하는 파(波) : 파동, 파도, 여파, 풍파

처음에는 작은 **파동**이었다. 점점 물결의 일렁임이 커지더니 이내 **파도**가 거세졌다. **파도**의 **여파**가 내가 서 있는 길까지 미쳤다. 바람도 거세게 불었다. 나는 불안했다. 아버지께서 타신 배가 이렇게 거센 **풍파**를 견뎌낼 수 있을까?

23

복명復命 : 명운命運 : 운송運送

엄마가 내 방문을 열고 말했다.

"슈퍼마켓에서 두부 2모하고, 콩나물, 파 한 단만 사 오렴."

나는 DVD를 끄고 바로 일어났다. 엄마가 뭘 시키면 나는 그 자리에서 들어야 한다. 뭐 이 핑계 저 핑계 대면서 미루면 안 된다. "저 공부하잖아요. 이것 끝나고요." 따위의 말은 엄마에게 통하지 않는다. 예전에 한 번 그랬다가 지독하게 혼이 난 적이 있다. 엄마는 평소에 잔소리를 잘 하지 않지만, 한 번 하면 정말 무시무시하게 쏟아붓는다. 엄마 말을 얼마나 잘 듣느냐에 따라 내 **명운**이 걸렸다해도 과언이 아니기 때문에 나는 엄마 말은 군소리 없이 잘 따른다.

"두부, 콩나물, 파?"

나는 엄마가 주는 1만 원을 받아들면서 심부름 내용을 확인했다.

"엄마, 남은 돈은 운송료지?"

나는 심부름 값이라고 하지 않는다. 엄마 심부름인데 어디서 돈을 요구하느냐는 잔소리를 들은 적이 있기 때문이다. 엄마는 널 키우면서 돈 받은 적 없다면서, 심부름 값 받으려면 길러준 값 내노라고 하셨다. 그래서 나는 심부름 값이라고 하지 않고 운송료라고 한다. 슈퍼에서 집까지 운송해주는 대가라는 뜻이다. 그 말이 그 말 같지만 엄마는 내가 운송료라고 하면 어려운 한자말을 잘 쓴다면서 기특하다는 듯 인정해준다.

슈퍼마켓에서 물건을 샀다. 두부 두 모, 콩나물, 파 한 단. 어라? 예전에는 이렇게 사면 돈이 상당히 남았는데, 영수증을 보니 남은 돈이 겨우 300원이다. 물가가 왜 이렇게 오른 거야. 이럴 줄 알았으면 돈을 더 받는 것인데 운송료로 겨우 300원밖에 못 챙기다니, 너무 아쉬웠다.

나는 엄마에게 슈퍼마켓에서 사온 물건을 건네며 복명했다.

"여기 두부 두 모, 콩나물, 파 한 단. 그리고 잔돈은 300원. 영수증은 여기 있어."

"그래, 수고했어."

엄마는 부모가 지시하면 반드시 복창하고, 다 한 뒤에는 반드시 복명하라고 한다. 복명복창, 즉 지시한 것을 따라 말하고, 행동한 뒤에 보고하기다. 그래야 지시하는 사람도, 지시에 따르는 사람도 뒤탈이 없다는 것이다. 나는 어릴 때부터 이런 습관이 들어서인지 어른들이 심부름을 시키면 실수를 하지 않는다. 그리고 내가 또박또박 복명복창하면 어른들은 좋아하면서 용돈을 주는 경우도 많았다.

한자음 그물망

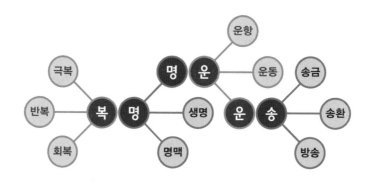

같은 음, 다른 뜻

복

'회복하다', '다시 돌아오다'를 뜻하는 복 (復)	복귀, 극복, 반복, 복명
'복 받는다'를 뜻하는 복 (福)	박복, 행복, 복지, 명복
'옷'을 뜻하는 복 (服)	상복, 복식, 의복
'복종하다', '숨다'를 뜻하는 복 (伏)	복병, 항복, 굴복

명

'목숨', '운수'를 뜻하는 명 (命)	생명, 명운, 구명, 명맥
'밝음'을 뜻하는 명 (明)	규명, 명확, 분명, 명쾌
'이름'을 뜻하는 명 (名)	명예, 익명, 명분
'울다', '소리를 내다'를 뜻하는 명 (鳴)	비명, 자명종, 공명

운

'옮기다', '움직이다'를 뜻하는 운 (運)	운명, 운항, 운동, 운임
'구름'을 뜻하는 운 (雲)	풍운, 성운, 운집
'소리', '멋진 느낌'을 뜻하는 운 (韻)	운율, 음운, 운치, 여운

송

'보내다'를 뜻하는 송 (送)	수송, 송환, 송금, 방송
'소나무'를 뜻하는 송 (松)	송악, 송림, 송광사
'재판'을 의미하는 송 (訟)	소송, 송사

복

|01| '회복하다', '다시 돌아오다'를 뜻하는 복(復) : 복귀, 극복, 반복, 복명

"명령이다. 즉시 복귀하라."

"기다려주십시오. 우리에게는 이 어려움을 극복할 힘이 있습니다."

"반복한다. 지금 즉시 돌아오라."

"극복할 힘이 있다는데 도대체 왜 그러세요?"

"지금 명령을 거부하겠다는 것인가?"

결국 길수는 명령에 따라 철수했다. 길수는 대장에게 작전 결과를 복명했다. 대장은 보고를 듣고도 아무 소리 않고 그저 쉬라고만 했다.

|02| '복 받는다'를 뜻하는 복(福) : 박복, 행복, 복지, 명복

그녀는 찢어지게 가난한 집에서 태어나, 역시 자신처럼 가난한 남자와 결혼해 평생을 고생하며 박복하게 살았다. 그래서 행복과는 아무런 인연을 맺지 못했을 것

이라 짐작했다. 그런데 그녀의 장례식 날, 우리 동네의 **복지** 기관에서 놀라운 사실이 밝혀졌다. 그녀가 평생 동안 **복지** 기관에 기부를 해왔다는 것이다. 나는 그저 놀라울 뿐이었다. 나는 진심으로 그녀의 **명복**을 빌었다. 가난하게 태어나 더 가난한 사람을 위하며 산 그녀가 진심으로 천국의 기쁨을 누리기를 기도했다.

|03| '옷'을 뜻하는 복(服) : 상복, 복식, 의복

요즘 장례식장을 가면 대부분 검은색 **상복**이다. 그러나 원래 우리나라 전통 장례식 **복식**은 검은색이 아니라 흰색이었다. 검은색 **상복**은 서양의 **복식**이다. **의복**에는 그 민족의 정신과 문화가 깃들어 있다. 이제라도 검은색 상복을 벗고, 흰색 **상복**을 입는 것이 어떨까?

|04| '복종하다', '숨다'를 뜻하는 복(伏) : 복병, 항복, 굴복

제갈공명의 명령에 따라 조자룡은 산속에 **복병**을 배치했다. 잠시 뒤 제갈공명의 예상대로 하우연이 이끄는 위나라 군대가 나타났다. 조자룡은 때를 맞춰 급습했고, 위나라 군사들은 **항복**할 수밖에 없었다. 하우연도 조자룡과 싸움에 패해 결국 **굴복**하고 말았다.

 # 명

|01| '목숨', '운수'를 뜻하는 명(命) : 생명, 명운, 구명, 명맥

생명이 끊기기 바로 전, 김치곤은 허허롭게 웃었다.
"나도, 내 가문의 **명운**도 모두 끝이구나."
김치곤은 사형에 처해졌고, 일족을 모두 없애라는 왕의 명령이 떨어졌다. 영의정은 황급히 왕 앞에 나아가 김치곤의 핏줄 하나만은 살려달라며, **구명**을 호소했다.

"전하, 김치곤이 비록 큰 죄를 졌으나 김치곤의 가문이 대대로 세운 공이 매우 큽니다. 그러니 핏줄의 **명맥**만은 유지하게 해주소서."

왕은 처음에는 거부했지만 결국 영의정의 **구명** 호소를 받아들여 김치곤의 핏줄이 계속 이어지도록 아들 하나를 살려주었다.

|02| '밝음'을 뜻하는 명(明) : 규명, 명확, 분명, 명쾌

김기자   이번 사건의 진실을 반드시 **규명**해야 해.

박기자   (커피를 마시며) 네가 노력한다고 진실이 **명확**하게 드러날까?

김기자   **분명** 쉽지는 않겠지. 그래도 해야지. 기자의 임무는 진실을 밝히는 거야.

박기자   (어깨를 두드려주며) 한 번 해봐. 네가 진실을 **명쾌**하게 밝혀낸다면, 정말 엄청난 파장이 일어날거야.

|03| '이름'을 뜻하는 명(名) : 명예, 익명, 명분

좋은 일도 하고, **명예**도 얻으면 좋으련만, 그녀는 자신을 **익명**으로 해달라고 부탁했다. 자신은 그저 '많이 가진 자가 더 많은 사회적 책임을 지녀야 한다'는 노블리스 오블리주의 **명분**을 단순히 따랐을 뿐, 훌륭한 사람이 아니라며 절대 신문에 이름을 싣지 말라고 당부했다.

|04| '울다', '소리를 내다'를 뜻하는 명(鳴) : 비명, 자명종, 공명

나는 **비명**을 지르며 깼다. 때 맞춰 **자명종**도 울렸다. 내 **비명**과 **자명종**이 **공명**을 일으키며 새벽의 어둠을 갈랐다.

운

|01| '옮기다', '움직이다'를 뜻하는 운(運) : 운명, 운항, 운동, 운임

운명의 시간이 다가오는데 내가 타고 갈 배가 고장이 나서 운항하기 힘들었다. 나는 하루 종일 항구 이곳저곳을 뛰어 다니며 타고 갈 배가 없는지 찾았다. 평소에 운동을 많이 해두지 않았다면 하루 종일 뛰어 다니지 못했을 것이다. 나는 저녁이 돼서야 겨우 두 배의 운임을 주는 조건으로 타고 갈 배를 찾았다.

|02| '구름'을 뜻하는 운(雲) : 풍운, 성운, 운집

외계인이 나타났다는 소식은 지구 전체에 풍운을 일으켰다. 외계인들은 오리온성운이라 부르는 곳에서 왔다고 했다. 외계인들이 직접 모습을 드러낸 날, 수백 만명의 사람들이 광장에 운집했고, 지구인 전체가 숨죽인 채 중계 화면을 지켜보았다.

|03| '소리', '멋진 느낌'을 뜻하는 운(韻) : 운율, 음운, 운치, 여운

시가 마치 달콤함 클래식처럼 운율이 살아 숨 쉬는군요. 음운의 특징을 교묘하게 살린 단어 선택도 돋보입니다. 더욱이 이렇게 아름답고 운치 있는 정원에서 시 낭송을 들으니 더 멋지네요. 아무래도 오늘 들은 시의 여운이 오래 갈 듯합니다. 정말 감동입니다.

 송

|01| '보내다'를 뜻하는 송(送) : 수송, 송환, 송금, 방송

우리나라가 찢어지게 가난했던 시절이었지. 나는 화물 수송선을 타고 몰래 일본

으로 갔어. 일본에 도착했는데 경찰이 배를 뒤졌지. 혹시라도 몰래 들어오는 외국인이 있나 살피는 거야. 거기서 걸리면 바로 우리나라로 **송환**되니 내가 얼마나 떨렸겠나. 다행이 나는 무사했고, 직장도 얻었지. 나는 내가 번 돈을 거의 대부분 고향에 있는 가족에게 **송금**했어. 무려 10년 동안……. 지금은 **방송**에 나와 별일 아닌 듯이 이야기하지만 그때는 정말 고통스런 나날이었어. 요즘 우리나라에 와서 고생하는 외국인 노동자들을 보면 남의 일 같지 않아.

|02| '소나무'를 뜻하는 송(松) : 송악, 송림, 송광사

고려의 수도인 개경의 원 이름은 **송악**이야. **송악**이라면 소나무가 많아야 하는데, 처음에는 소나무가 없었데. 원래 **송악**은 산세는 좋은데 나무가 없어서 큰 인물이 안 난다는 말이 전해졌는데, 이를 안 강충이라는 사람이 일부러 소나무를 많이 심어 소나무가 무성한 **송림**을 만들었다고 해. **송림**을 이룬 뒤 왕건이 **송악**에서 고려를 세웠고, 황진희, 서화담 등 빼어난 인물도 많이 나왔지. 개경 인삼과 개경 상인도 유명하지? **송악**처럼 지명에 송(松)이 들어가면 그 지역에 소나무가 분명히 많아. **송광사**도 송(松)이 들어가니까 소나무가 많겠지? **송광사**의 수백 년된 소나무 숲길을 거닐면 마음이 저절로 편안해져.

|03| '재판'을 의미하는 송(訟) : 소송, 송사

재판을 하는 것을 **소송**이라고 하는데, **소송**의 종류에는 민사소송, 형사소송, 행정소송, 선거소송, 이혼소송 등이 있어. 예전에는 **소송**을 **송사**라고 했는데, 우리 속담에 베개머리 **송사**가 가장 무섭다는 말이 있어. 잠자리에서 아내가 남편에게 바라는 바를 속삭이며 청하는 것을 베갯머리 **송사**라고 했는데, 아무래도 남편이 아내의 부탁을 거절하기는 어려웠을 거야. 지금도 가정에서는 아빠 말보다 엄마 말이 더 세잖아. 예전이나 지금이나 비슷한 거지 뭐.

24

불충不忠 : 충직忠直 : 직항直航

이야기 속
어휘

저녁 식사를 하는데 자꾸 머리가 아팠다. 나는 살짝 찡
그리기만 했을 뿐, 아프다는 말을 하지 않았다. 엄마는 밥 먹는 것에 푹 빠져 계신
다. 자신이 요리해 놓고, 자기 요리에 감탄한 듯 얼굴 표정이 황홀하다. 내가 엄마
에게 아프다는 소리를 하지 않는 것은 다 이유가 있다.

"엄마, 나 배 아파."

"가서 자."

"엄마, 나 조금 어지러워."

"그래? 가서 자."

"엄마 나 몸살 난 것 같아."

"정말? 가서 자."

"엄마 발목이 많이 아파."

"많이 아파? 그럼 가서 자."

이쯤 되면 무슨 말인지 알 것이다. 엄마는 내가 어디가 아프다고 하든, 무조건 '가서 자라'고만 한다. 엄마에게는 잠이 모든 병을 낫게 하는 만병통치약인 듯하다. 그래서 나는 엄마에게 웬만큼 아프지 않으면 아프다는 소리를 안 한다. 말해봐야 뻔하기 때문이다.

나는 밥을 얼른 먹고 방에 들어왔다. 머리가 너무 아팠다. 나는 엄마 말은 대부분 **충직**하게 따르는 편이지만 아픈데도 약은 안 사주고 잠만 자라는 말에는 따르기 어렵다. 몸이 아픈데 제대로 약도 안 먹고 그냥 버티는 것은 몸에 대한 **불충**이다. 나는 다른 것은 몰라도 몸에는 충실해야 한다고 믿는다. 엄마는 나의 다른 것들에 관심을 쏟으면서 몸이 아픈 것에는 지나치게 무심하다. 엄마가 무심하니 나는 내 몸을 스스로 챙긴다.

그나저나 머리가 왜 이렇게 아픈지 모르겠다. 슈퍼마켓에 다녀올 때만 해도 괜찮았는데……. 아무래도 잠시 후에 수학 학원에서 보는 시험 때문인 것 같다. 따지고 보면 시험으로 인한 스트레스도 몸에 대한 **불충**이다. 몸에 스트레스를 주면서 시험을 보는 것은 몸을 괴롭히는 것이다. 하지만 어쩌겠는가? 나는 아픈 머리를 참으며 집을 나섰다.

수학 학원은 아파트 단지 바로 앞이다. 하지만 나는 빨리 가기 싫었다. 곧바로 갈 수 있는 **직항**로를 두고 먼 길로 돌아가는 배처럼 나는 아파트 단지를 한 바퀴 뺑 돌아서 수학 학원으로 갔다. 그래봐야 5분밖에 걸리지 않았다. 수학 학원의 문 앞에 섰다. 시험. 생각만 해도 답답하다.

한자음 그물망

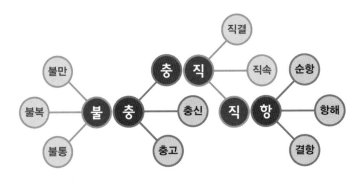

같은 음, 다른 뜻

불
'아니다'를 뜻하는 불 (不)	불만, 불복, 불충, 불통, 불평
*不는 '부'로도 읽는다 (不)	부재, 부진, 부당, 부정
'부처'를 뜻하는 불 (佛)	불교, 불경, 염불, 공염불

충
'충성하다'를 뜻하는 충 (忠)	충신, 충직, 충고
'채움'을 뜻하는 충 (充)	충분, 충원, 확충, 보충
'벌레'를 뜻하는 충 (蟲)	기생충, 충치, 곤충

직
'곧다', '바르다'를 뜻하는 직 (直)	직속, 우직, 직결, 직시
'베를 짜다'를 뜻하는 직 (織)	직녀, 조직, 직물
'벼슬', '직업'을 뜻하는 직 (職)	재직, 직무, 구직, 직책

항
'배', '항구'를 뜻하는 항 (航, 港)	결항, 순항, 입항, 항만
'막다', '저지하다'를 뜻하는 항 (抗)	항의, 항명, 저항, 항거
'언제나'를 뜻하는 항 (恒)	항등식, 항상, 항구적

불

|01| '아니다'를 뜻하는 불(不) : 불만, 불복, 불충, 불통, 불평

대령은 **불만**을 터트리는 사병들을 전부 조사해서 보고하라고 했다. 명령에 무조건 따라야 하는 군인이 상관의 명령에 **불복**하는 것이 나라에 **불충**하는 것인지는 모르지만 나는 따를 수 없었다. 나는 대령께 사병들과 소통하려는 노력부터 하시라고 말씀드렸다. 대령님과 사병들의 마음이 서로 **불통**이니 사병들이 뒤에서 몰래 **불평**을 하는 것 아니냐고 했다. 대령은 나에게 더욱 화를 냈다.

|02| 不는 '부'로도 읽는다 : 부재, 부진, 부당, 부정

휴대전화에 **부재** 중 전화가 한 통 와 있었다. 전화를 걸었더니 마케팅 부서 직원이었다. 만나고 싶다고 해서 회사 밖 식당으로 갔다.

"저희 부서가 실적이 조금 **부진**했습니다. 이번 평가 때 잘 부탁드립니다."

그 직원은 내게 돈 봉투를 내밀었다.

"저는 이런 **부당**한 부탁은 받지 않습니다. **부정**한 방법으로 평가를 잘 받으려 하지 말고 노력하세요."

나는 돈 봉투를 그대로 두고, 밥도 먹지 않고 나와 버렸다.

|03| '부처'를 뜻하는 불(佛) : 불교, 불경, 염불, 공염불

불교에서는 **불경**을 외거나 '나무아미타**불**'을 부르는 것을 **염불**이라 한다. **염불**을 할 때는 정성을 다해야 한다. 진실한 마음 없이 입으로만 외우는 것을 **공염불**이라고 한다.

 충

|01| '충성하다'를 뜻하는 충(忠) : 충신, 충직, 충고

충신은 사사로운 이익이나 손해를 생각하지 않고 임금에게 **충직**하게 옳은 소리를 한다. 좋은 임금은 **충신**의 **충고**를 잘 받아들이지만, 나쁜 임금은 간신의 의견에만 귀를 기울인다.

|02| '채움'을 뜻하는 충(充) : 충분, 충원, 확충, 보충

지원군이 **충분**히 **충원**되고, 식량이 **확충**되면서 조자룡이 이끄는 군대의 사기는 하늘을 찌를 듯했다. 조자룡은 군사들을 배불리 먹이고, 푹 쉬게 했다. 기운을 **충분**히 **보충**한 군사들은 야밤을 이용해 조조 군대를 급습할 목적으로 몰래 빠져나갔다.

|03| '벌레'를 뜻하는 충(蟲) : 기생충, 충치, 곤충

손을 깨끗이 씻고, 이도 잘 닦으렴. 그렇지 않으면 **기생충**이 배에 들어가서 네 배를 아프게 해. 이를 안 닦으면 균 때문에 **충치**가 생긴단다. **곤충**이 세상을 이롭게 한다고 해서 네 몸 안에 **곤충**을 키울 필요는 없잖아? 제발 이빨 좀 제대로 닦고, 위생에 신경을 쓰자.

 직

|01| '곧다', '바르다'를 뜻하는 직(直) : 직속, 우직, 직결, 직시

시장은 예전에 시민 단체에서 일할 때 내 **직속** 상관이었다. 그는 항상 **우직**하게 열심히 일했다. 너무 열심히 일해서 혹시 건강을 해치지 않을까 걱정스러울 정도였다. 그는 "환경 문제는 인간의 생존과 **직결**된다."면서 환경을 살리는 일이 세상에서 가장 중요한 일이라고 말해왔다. 그가 내게 업무를 지시할 때면 내 얼굴을 **직시**하며 정확하고 간략하게 말했다. 뉴스를 보니 시장이 된 지금도 환경 운동을 할 때와 그리 다르지 않은 것 같다.

|02| '베를 짜다'를 뜻하는 직(織) : 직녀, 조직, 직물

견우**직녀** 이야기에서 **직녀**는 베 짜는 여인이다. 그만큼 옷감을 만들고 옷을 만드는 일은 우리나라 전통이며, 여성 고유의 일이었다. 그런데 조선 말기 외국에서 생산된 **직물**이 대규모로 들어오면서, 일본과 서양의 기업들은 **조직**적으로 우리나라 **직물** 산업을 파괴하였다. 처음에 아주 싼 가격으로 자신들이 만든 **직물**을 팔아서 우리나라의 **직물** 산업을 파괴하고, 완전히 파괴된 뒤에는 가격을 올려 엄청난 이득을 보았다.

|03| '벼슬', '직업'을 뜻하는 직(職) : 재직, 직무, 구직, 직책

아버지는 30년 동안 오직 인사부에만 **재직**하셨다. 아버지가 맡은 **직무**는 회사에 지원하는 **구직**자들 중에서 적당한 사람을 선발하고, 관리하는 일이었다. 아버지는 당신이 맡은 **직책**을 훌륭히 수행하여 좋은 인재를 많이 선발했고, 그로 인해 회사는 크게 발전했다. 아버지는 사람을 알아보는 특별한 능력이 있었다.

 항

|01| '배', '항구'를 뜻하는 항(航, 港) : 결항, 순항, 입항, 항만

요즘은 날씨가 변덕스러워서 여객선이 자주 **결항**하는데, 오늘은 날씨가 좋아서 여객선이 **순항**했다. 완도를 떠난 지 2시간이 조금 지난 뒤 여객선은 제주항에 순조롭게 **입항**했다. 바다에서 보는 제주의 **항만**은 정말 아름다웠다.

|02| '막다', '저지하다'를 뜻하는 항(抗) : 항의, 항명, 저항, 항거

나는 선생님의 지시가 옳지 않다고 여겨 **항의**를 했다. 그런데 선생님은 "감히 학생이 선생님께 **항명**하는 것이냐?"라며 화를 냈다. 잘못된 지시에 **저항**하는 것이 왜 **항명**인가? 3·1 운동도, 4·19 운동도 불의에 **항거**한 의로운 운동이라고 가르치지 않는가? **항명**은 군대에서나 쓰는 말인데, 학생이 **항의**를 한다고 **항명**이라는 말을 쓰다니……. 나는 정말 어이가 없었다.

|03| '언제나'를 뜻하는 항(恒) : 항등식, 항상, 항구적

수학에서 **항등식**이란 어떤 경우에도 양쪽의 항이 **항상** 같다는 뜻이다. 일시적으로 같은 것이 아니라 **항구적**으로 같기 때문에 **항등식**이라고 한다.

25

성토聲討 : 토벌討伐 : 벌채伐採

이야기 속
어휘

        나는 수학 학원의 입구에서 깊은 심호흡을 했다. 정말 들어가기 싫었다. 나는 딱 두 군데 학원에 다니는데 하나는 수학 학원이고, 다른 하나는 토론 학원이다. 수학 학원은 엄마가 강제로 다니게 했고, 토론 학원은 내가 스스로 선택한 것이다. 그래서 토론 학원에 가는 것은 정말 재미있다. 반면에 수학 학원은 정말 싫다.

    얼마 전에 토론 학원에서 수학과 관련된 토론을 했다. 그때 기억이 생생하다. 토론 수업을 시작하기 전에 모여 앉은 친구들끼리 수학을 성토하고 있었다.

    "도대체 왜 그렇게 어려운 수학을 가르치는 거야?"

    "맞아. 그냥 슈퍼마켓에 가서 계산할 정도면 되는 거 아냐?"

    "그래 맞아. 우리가 수학을 잘해서 그것으로 먹고 살 것도 아니고, 나는 수학과 아무런 관련이 없는 분야가 꿈인데, 모든 학생이 수학을 공부하는 것은 옳지 않아."

    수학 공부가 불필요하므로 수학을 세상에서 몰아내야 한다고 하면서, 우리는

221

말 그대로 수학 성토대회를 하고 있었다. 그때 토론 선생님이 들어오셨다. 선생님은 우리의 성토를 들으셨는지 준비한 주제 대신 수학 공부의 필요성을 토론 주제로 정하셨다.

가장 강력하게 수학 공부가 불필요하다고 말했던 네 명이 한 팀이 되었고, 성토대회에 참여하지 않았던 다른 네 명이 한 팀이 되었다. 반대편은 제법 수학 공부를 잘하는 아이들이었다. 나와 친구들은 신이 나서 수학 공부의 부당함을 역설했다. 반란군을 토벌하는 군대처럼 수학 공부를 찬성하는 쪽을 맹렬하게 공격했다. 처음에는 우리가 우위를 차지했다. 그러나 갈수록 논리가 빈약해지면서 수세에 몰리고 말았다.

상대편의 논리는 무성한 숲처럼 풍성해지는 반면에, 우리는 벌채로 인해 노랗게 변해가는 황량한 숲처럼 논리가 빈약해졌다. 몇 가지를 말하고 나니 더 이상 제시할 논리가 없었다. 반면에 상대편은 꾸준히 새로운 논리를 제시하며 우리를 공격했다.

우리의 최대 약점은 우리 팀이 전부 수학을 못한다는 것이었다. 수학을 못하니까 필요 없다는 주장을 한다는 것이다. 솔직히 인정할 수밖에 없는 이야기였다. 내가 수학을 잘했다면 수학 공부가 필요없다는 주장은 하지 않았을 테니까……. 우리는 정당한 수학 공부를 방해하는 반란군으로 몰렸고, 결국 완전히 토벌당하고 말았다. 웬만해서는 토론에서 완벽하게 지는 경우가 없는데, 그때는 패배를 인정할 수밖에 없었다.

나는 그때의 토론 장면을 떠올리며 다시 한 번 심호흡을 했다. 어차피 해야 한다면 실력을 기르는 것 외에는 방법이 없다. 나는 3층에 있는 수학 학원을 향해 계단을 올라갔다. 주기적으로 실시하는 수학 레벨 테스트, 이 학원에 다니는 한 피할 수 없는 시험을 향해 걸음을 옮겼다. 갈수록 심해지는 두통을 느끼면서…….

한자음 그물망

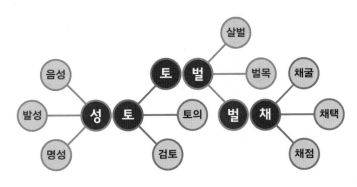

같은 음, 다른 뜻

성

'소리'를 뜻하는 성 (聲)	성토, 명성, 발성, 성명서
'이루다'를 뜻하는 성 (成)	조성, 성공, 성취, 양성
'성품', '성질'을 뜻하는 성 (性)	성향, 성품, 성격, 가능성
'성', '도읍'을 뜻하는 성 (城)	화성, 축성, 성곽, 성문
'성스럽다'를 뜻하는 성 (聖)	성역, 성경, 성화
'정성'을 뜻하는 성 (誠)	지성, 성의, 정성, 성실

토

'치다', '꾸짖다'를 뜻하는 토 (討)	검토, 토의, 토론, 토벌
'흙'을 뜻하는 토 (土)	토목, 풍토, 토양, 토대
'토하다'를 뜻하는 토 (吐)	구토, 실토, 토로

벌

| '치다', '베다'를 뜻하는 벌 (伐) | 벌초, 벌목, 벌채, 살벌 |
| '죄'를 뜻하는 벌 (罰) | 징벌, 벌금, 엄벌, 형벌 |

채

'캐다', '따다'를 뜻하는 채 (採)	공채, 채굴, 채점, 채택
'빚', '빌다'를 뜻하는 채 (債)	채권, 채무, 외채
'나물'을 뜻하는 채 (菜)	채식, 채소, 냉채

성

|01| '소리'를 뜻하는 성(聲) : 성토, 명성, 발성, 성명서

운동장에 모여 일제의 잔인한 만행을 **성토**하던 학생들은 학생 대표가 나오자 조용해졌다. 학생 대표는 투철한 반일 정신으로 **명성**이 높았다. 학생 대표는 강인하면서도 정확한 **발성**으로 **성명서**를 낭독했다. **성명서** 낭독이 끝나자 학생들은 일제를 비판하는 구호를 외치며 학교 밖으로 진출했다.

|02| '이루다'를 뜻하는 성(成) : 조성, 성공, 성취, 양성

선생님은 새 학기가 되면 독서하는 분위기를 **조성**하기 위해 애썼습니다. 독서를 포기하는 청소년은 미래의 **성공**을 포기하는 청소년이라고 강조했습니다. 선생님은 학생의 학업 **성취**보다 독서 **성취**를 더 중요하게 여겼습니다. 선생님은 책을 사랑하는 인재를 **양성**했고, 선생님의 제자 중에는 한국을 빛낸 작가들이 여러 명 나왔습니다.

|03| '성품', '성질'을 뜻하는 성(性) : 성향, 성품, 성격, 가능성

그녀는 외동딸이어서 모든 사랑을 독차지하려는 **성향**이 강했습니다. 기본적으로 따스한 **성품**이기는 했지만 이해가 되지 않는 **성격**도 많았습니다. 따뜻한 성품 때문에 괴팍한 성격으로 변할 **가능성**도 있지만, 변화 가능성을 보고 참기에는 너무 힘이 듭니다.

|04| '성', '도읍'을 뜻하는 성(城) : 화성, 축성, 성곽, 성문

수원 **화성**은 정조의 지시로 정약용이 주도하여 **축성**한 것이다. 수원 화성은 성곽과 성문이 본래의 형태 그대로 잘 보존된 몇 안 되는 성이다.

|05| '성스러움'을 뜻하는 성(聖) : 성역, 성경, 성화

마침내 추모공원이 가톨릭의 **성역**으로 인정받게 되자, 날이 어두워졌음에도 신부님은 추모공원으로 달려가 무릎을 꿇고 기도를 올렸다. 신부님 앞에는 **성경**이 놓여 있었고, 좌우에는 **성화**가 어둠을 밝혀주었다.

|06| '정성'을 뜻하는 성(誠) : 지성, 성의, 정성, 성실

지성이면 감천이라고 했어요. 지극한 마음으로 **성의**를 다해 **정성**을 기울이면 반드시 하늘이 보답을 한다는 뜻이죠. 그러니 **성실**해야 합니다. 오직 성실과 성의만이 뜻하는 바를 이루게 해준다는 사실을 명심하세요.

토

|01| '치다', '꾸짖다'를 뜻하는 토(討) : 검토, 토의, 토론, 토벌

먼저 윤호가 건물 안의 벌레와 쥐를 없앨 수 있는 방법을 준비했고, 우리는 각자 이를 **검토**하기로 했다. **검토**를 마친 뒤에는 함께 모여 **토의**와 **토론**을 하였다. 이 틀 뒤 우리는 외적을 **토벌**하듯, 건물 내에 있던 벌레와 쥐들을 완전히 박멸할 수 있었다.

|02| '흙'을 뜻하는 토(土) : 토목, 풍토, 토양, 토대

그 동안 우리나라는 부동산과 **토목**·건축 산업이 가장 돈을 많이 버는 업종이었 다. 땅이나 건물만 잘 장만하면 손쉽게 돈을 버는 **풍토**였다. 21세기는 정보화시대 다. 정보화시대에는 땅과 건물이 아니라 사람이 재산이다. 따라서 창의적인 인재 를 길러내는 **토양**을 마련해야 한다. 창의적인 인재는 정보화 시대의 **토대**다.

|03| '토하다'를 뜻하는 토(吐) : 구토, 실토, 토로

J는 여러 번 화장실을 드나들며 **구토**를 했다. **구토**가 멈추고 속이 진정되는지 그 때서야 자신의 숨겨둔 속마음을 **실토**했다. 나는 묵묵히 들었다. 힘겨움과 외로움 을 **토로**하면서 J는 몇 번이나 울먹였다.

 벌

|01| '치다', '베다'를 뜻하는 벌(伐) : 벌초, 벌목, 벌채, 살벌

처음으로 할아버지 묘소를 **벌초**하러 가는 아빠를 따라 나섰다. 산 아래에 차를 세우고 묘소까지 걸어가는데 **벌목**을 하는 기계톱 소리가 들렸다. 묘소에 올라가서 보니 반대쪽 산이 **벌채**로 인해 민둥산이 돼 있었다. 아빠는 기계를 이용해 **벌초**를 했다. 기계 톱날 돌아가는 소리가 너무나 **살벌**해서 나는 멀찌감치 떨어져 구경만 했다.

|02| '죄'를 뜻하는 벌(罰) : 징벌, 벌금, 엄벌, 형벌

나무를 허락받지 않고 베면 생각보다 **징벌**이 강하다. **벌금**도 꽤 많이 나온다. 나무를 허락받지 않고 베는 행위를 **엄벌**하는 이유는 산림을 보호해야 하기 때문이다. 과거에는 산에 가서 나무를 베어와 불을 떼기도 했지만, 요즘은 허락 없이 나무를 베면 **벌금** 등 **엄벌**에 처해진다. 이렇듯 **형벌** 제도는 사회가 변함에 따라 달라진다.

 채

|01| '캐다', '따다'를 뜻하는 채(採) : 공채, 채굴, 채점, 채택

처음에는 저런 사람까지 방송국 아나운서 **공채**에 지원하나 싶었다. 조금 전까지 석탄을 **채굴**하다 온 사람처럼 얼굴이 검었기 때문이다. 그러나 시험 **채점** 결과를 확인한 후 면접관들의 생각은 완전히 바뀌었다. 그가 유일하게 만점을 받았기 때문이다. 그에 대한 궁금증을 풀기 위해 면접관들은 색다른 면접 방법을 **채택**했다.

|02| '빚', '빌다'를 뜻하는 채(債) : 채권, 채무, 외채

외국에서 받을 돈이 더 많으면 **채권국**, 외국에 갚을 돈이 더 많으면 **채무국**이다.

외국에 빚진 돈을 **외채**라고 한다. 외채가 너무 많으면 1997년처럼 나라가 위기에 빠진다.

|03| '나물'을 뜻하는 채(菜) : 채식, 채소, 냉채

나는 **채식**주의자는 아니지만 **채소**를 정말 좋아한다. 채소 중에서 가장 좋아하는 것은 오이고, 오이 요리 중에서 가장 좋아하는 것은 오이 **냉채**이다.

26

수석首席 : 석차席次 : 차점次點

이야기 속
어휘

우리 수학 학원의 레벨은 총 여덟 개가 있는데, 나는
아래서 두 번째다. 일정한 시기마다 레벨 시험을 봐서 올라가기도 하고, 떨어지기
도 한다. 레벨이 오르려면 시험에서 수석이나 차석이 되어야 한다. 아니면 세 번의
레벨 시험에서 기준 이상의 점수를 계속 넘어야 한다. 나는 이번 레벨 시험을 위해
최선을 다했다. 하지만 레벨 시험에서 계속 실패했다. 엄마가 비싼 돈 들여 수학 학
원에 보내는데, 나는 항상 제자리여서 엄마를 볼 낯이 없다. 나는 레벨 결과가 나
올 때마다 기대가 실망으로 바뀌는 엄마 얼굴을 대하며 미안함에 어쩔 줄 몰라
했다.

시험을 다 치르고 난 뒤, 선생님과 함께 오늘 치른 시험 문제를 검토했다. 아는
애들이 나가서 설명하기도 하고, 어려운 문제는 선생님이 설명해주셨다. 한 문제
한 문제 풀어 갈 때마다 조금씩 실망이 커졌다. 점수는 점점 내려갔다. 레벨을 올
릴 수 있는 기준 점수를 넘지 못한 것이 분명했다. 이제 중요한 것은 석차다. 기준

점수가 안 되더라도 **석차**가 수석이나 차석이면 올라갈 수 있다. 나는 다른 애들이 나보다 못 봤기를 바랐다. 나쁜 마음이지만 어쩔 수 없다.

학원이 끝나는 시간, 밖은 이미 어둑어둑했다. 집에 가는 우리들에게 선생님이 봉투를 하나씩 나눠줬다. 레벨 시험 결과와 부모님께 보내는 글이 담겨 있는 봉투다. 어떻게 저렇게 빨리 결과가 나오고, 글을 만들어 내는지 모르겠다. 나는 봉투를 움켜쥐고 얼른 밖으로 나왔다.

신호등을 건너서 다시 아파트 단지를 뺑 돌아서 걸었다. 아파트 단지 뒤쪽 놀이터에 앉았다. 봉투를 뜯었다. 손이 약간 떨렸다. 숫자와 도표가 보였다. 내가 맞은 것과 틀린 것이 다 표시되어 있었다. 아마도 컴퓨터로 자동으로 처리한 것 같았다. 결과는?

휴, 또 꽝이었다. 최고점을 맞을 것이라는 기대는 하지 않았지만, 그래도 **차점**은 맞을 것이라 생각했는데 아니었다. **차점**은 커녕 기준 점수에도 못 미쳤다. 나에 대해 이러저러한 평가가 담긴 글이 있었지만, 건성으로 읽고 종이를 구겨 넣듯이 봉투에 집어넣었다. 실망스런 결과를 엄마에게 보여줄 것을 생각하니 가슴이 답답했다. 학교 성적도 아닌데 학원 성적에 왜 이렇게 얽매이는지 나도 잘 모르겠다.

하늘에는 별 두세 개가 숨넘어가기 직전의 사람처럼 꺼질듯 말듯한 빛을 발하고 있었다. 그것은 마치 시험에 치여 사는 내 모습 같았다.

한자음 그물망

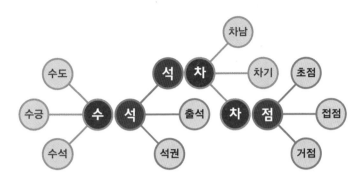

같은 음, 다른 뜻

수

'머리'를 뜻하는 수 (首)	수뇌, 수도, 수석, 수긍
'거두다'를 뜻하는 수 (收)	수입, 압수, 징수
'목숨'을 뜻하는 수 (壽)	장수, 천수, 수명
'받다'를 뜻하는 수 (受)	수신, 인수, 수락
'닦다'를 뜻하는 수 (修)	이수, 수행, 수련원, 수양
'빼어나다'를 뜻하는 수 (秀)	수재, 수려, 수월

*이 밖에도 손 수 (手), 셈/숫자 수 (數), 물 수 (水)의 뜻이 있다.

석

'자리'를 뜻하는 석 (席)	출석, 석차, 석권
'돌'을 뜻하는 석 (石)	암석, 투석, 석유
'저녁'을 뜻하는 석 (夕)	석간, 조석, 석양

차

'버금', '둘째'를 뜻하는 차 (次)	차남, 점차, 차점, 차기
'수레', '자동차'를 뜻하는 차 (車)	열차, 차량, 자동차, 차선
'빌리다'를 뜻하는 차 (借)	임차, 차용, 차관
'어긋나다'를 뜻하는 차 (差)	차이, 차별, 차등

점

'점', '흔적', '얼룩'을 뜻하는 점 (點)	거점, 접점, 초점
'가게'를 뜻하는 점 (店)	점포, 점주, 점원
'차지하다'를 뜻하는 점 (占)	점유, 독점, 점거

문맥으로 이해하기

수

|01| '머리'를 뜻하는 수(首) : 수뇌, 수도, 수석, 수긍

프랑스와 독일의 최고 수뇌들이 스위스 수도인 제네바에서 만났다. 먼저 프랑스 수석 대표가 연설을 했다. 독일 대표는 연설 내용에 수긍이 가는지 여러 번 고개를 끄덕였다.

|02| '거두다'를 뜻하는 수(收) : 수입, 압수, 징수

경찰은 불법으로 수입한 제품을 전부 압수했다. 국세청은 불법 소득에 대해서 세금을 징수했다. 징수한 세금의 규모는 실로 어마어마했다.

|03| '목숨'을 뜻하는 수(壽) : 장수, 천수, 수명

"99까지 장수하시다 돌아가셨으니 천수를 누리다 가셨네요."
"뭐 천수를 누렸다면 누린 것이겠지요. 하늘이 긴 삶을 주셨으니 고마워해야지요. 하지만 수명은 길면 길수록 좋기 때문에 99년을 살아도 막상 죽음이 닥치면 생에 미련이 남지요."

|04| '받다'를 뜻하는 수(受) : 수신, 인수, 수락

수신 : 박진주

박진주 씨께서 저희 회사를 인수해주십시오. 저의 제안을 수락하신다는 연락 기다리겠습니다.

발신 : 김선동

수신 : 김선동

김선동 씨의 제안을 수락합니다. 인수에 필요한 것들을 준비해주세요.

발신 : 박진주

|05| '닦다'를 뜻하는 수(修) : 이수, 수행, 수련원, 수양

나는 대학교에서 남들보다 금융 관련 과목을 최대한 많이 이수했다. 졸업 후 원하던 대로 금융 기관에 취업했고, 나는 열심히 일을 했다. 나는 업무 수행 능력이 뛰어나 돈을 많이 벌었지만, 한편으로는 스트레스도 많이 받았다. 1년에 한 번씩 깊은 산속 수련원에 들어가 정신 수양을 하지 않았다면, 나는 스트레스로 인해 병이 났을지도 모른다.

|06| '빼어나다'를 뜻하는 수(秀) : 수재, 수려, 수월

그는 우리 학교에서 제일 공부 잘하는 수재이면서, 외모도 수려했기 때문에 자신이 원하는 것을 항상 수월하게 이룰 수 있었다.

석

|01| '자리'를 뜻하는 석(席) : 출석, 석차, 석권

출석부에 나란히 있는 윤호, 기숙, 미호는 반 1등부터 3등까지 **석차**를 차지했을 뿐만 아니라 전교 상위권도 **석권**했다.

|02| '돌'을 뜻하는 석(石) : 암석, 투석, 석유

암석으로 뒤덮인 뒷산은 아이들의 가장 좋은 놀이터였다. 뒷산에는 돌이 흔했기 때문에 아이들은 **투석** 놀이를 가장 많이 했다. 그러나 아이들의 신나는 놀이터 는 뒷산에 **석유**가 묻혀 있다는 소문이 나면서 완전히 사라져 버렸다.

|03| '저녁'을 뜻하는 석(夕) : 석간, 조석, 석양

아버지는 조간신문과 **석간**신문을 모두 챙겨보셨다. **조석**으로 신문을 끼고 사는 아빠를 엄마는 싫어했다. 나는 신문 읽는 아버지를 가만히 바라보는 것을 좋아 했다. 특히 붉은 **석양**을 등지고 신문을 읽는 아버지의 모습은 정말 멋졌다.

 차

|01| '버금', '둘째'를 뜻하는 차(次) : 차남, 점차, 차점, 차기

어머니는 늘 **차남** 걱정만 했다. 첫째 아들은 그런 어머니를 늘 위로했다.

"걔가 또 선거에 떨어져서 실망이 이만저만 큰 것이 아닌가벼. 어제도 힘들다고 술을 먹었디야."

"조금만 지나면 기운 차릴 거예요. 전에도 그랬잖아요. **점차** 나아질 테니 걱정 마세요."

"다음 번 선거에도 나간다고 할텐디, 그때도 또 떨어지면 어쩌냐?"

"그래도 이번 선거에서는 **차점**으로 떨어졌으니까, 다음 번에는 가능성이 있어요."

"그러겠제? 정말 **차기** 선거에서는 당선되겠제?"

첫째는 어머니를 위로하면서도 오직 정치 생각밖에 없는 동생이 원망스러웠다.

|02| '수레', '자동차'를 뜻하는 차(車) : 열차, 차량, 자동차, 차선

열차의 **차량**은 **자동차**보다 훨씬 크고 무겁지만 정해진 **차선**을 달리기 때문에 빠르고 안전하다.

|03| '빌리다'를 뜻하는 차(借) : 임차, 차용, 차관

임대와 **임차**는 반대되는 말인데도 사람들은 자꾸 혼동해서 사용한다. 임대는 빌려주는 것이고, **임차**는 빌리는 것이다. 흔히 임대 계약서라고 부르는데, **임차**인을 기준으로 보면 **임차**계약서라고 부르는 것이 맞다.

개인이 은행에 돈을 빌린 경우에는 대출 증서, 개인이 개인에게 빌리면 **차용** 증서를 쓴다. 한 나라의 정부나 기업, 은행 따위가 외국 정부나 기관으로부터 돈을 빌리는 것을 **차관**이라고 한다.

|04| '어긋나다'를 뜻하는 차(差) : 차이, 차별, 차등

차이와 **차별**은 다르다. 그냥 다른 것이 **차이**라면, 오직 다르다는 이유만으로 권리나 지위에 **차등**을 두는 것은 **차별**이다.

점

|01| '점', '흔적', '얼룩'을 뜻하는 점(點) : 거점, 접점, 초점

방학 동안 2학년 1반 교실은 수학 공부를 잘하는 학생들의 **거점**이었다. 교실에 모인 학생들은 어려운 수학 문제를 두고 토론했다. 수학 선생님은 토론을 지켜보기만 했다.

얼마 전에는 직선과 곡선의 **접점** 문제를 두고 무려 세 시간동안 토론을 벌였다. 세 시간이 지난 뒤에야 수학 선생님은 문제 해결의 **초점**이 조금 잘못되었음을 지적해주었고, 학생들은 그때 모든 것을 완벽하게 이해할 수 있었다.

|02| '가게'를 뜻하는 점(店) : 점포, 점주, 점원

하나의 **점포**가 잘되기 위해서는 **점주**만 잘하거나, **점원**만 잘한다고 되는 것이 아니다. 점주와 점원이 잘 협력해야 **점포**가 잘 된다.

|03| '차지하다'를 뜻하는 점(占) : 점유, 독점, 점거

A 기업이 공급하는 제품이 시장에서 **점유**하는 비율이 점점 높아졌다. A 기업은 사업에 참여한 지 1년 만에 경쟁 회사를 물리치고 공급을 **독점**했다. 공급을 독점한 A 기업은 기다렸다는 듯 가격을 올리기 시작했고, A 기업의 가격 인상으로 손해를 많이 본 소규모 가게 주인들은 A 기업 공장 입구를 **점거**하고 회장 면담을 요구하기에 이르렀다.

27

식음食飮 : 음용飮用 : 용어用語

이야기 속 어휘

벨을 눌렀다. 누나가 문을 열어줬다. 내 얼굴을 보더니 누나가 한 마디했다.

"마치 3~4일은 식음을 완전히 끊은 분위기네."

나는 아무 대꾸도 않고 신발을 벗고 들어갔다.

"또 실패구나. 잘~ 한다."

평소에도 누나가 밉지만 이럴 때는 더 밉다. 누나는 공부는 안 하는데 성적은 정말 잘 나온다. 성적이 잘 나오는 것은 괜찮지만 내 앞에서 맨날 잘난 척하고, 나를 무시한다.

엄마는 아무 말을 하지 않고 이상한 음료를 내밀었다. 색깔이 이상했다. 도대체 무엇이 들어 있는지 의심스러웠다. 평소 같으면 물어봤을 텐데, 상황이 상황인지라 나는 물어보지도 못했다. 다만 '엄마가 사람이 음용하지 못할 것을 주시지는 않겠지'하며 마셨다. 썼다. 아니 그 이상으로 이상했다. 확 뱉어 버리고 싶었다. 사람이

237

마실 수 있는 것인지 의심스러웠다. 하지만 아무 말도 하지 못했다.

엄마는 살며시 웃더니 내게서 봉투를 받아 가셨다. 그리고는 아무 말도 하지 않으셨다. 화를 내지도 않았다. 나는 한숨을 내쉬고 방으로 들어갔다. 안경을 벗고 침대에 털썩 누웠다. 가슴이 먹먹했다.

딩동~! 문자가 오는 소리다. 나는 안경을 쓰고 휴대전화를 집어 들었다.

💬 어디야? 글은 다 썼어?

낯선 번호였다. 누구지? 글이라고 하는 것을 보면 우리 반 여자애 같은데.

💬 누구?
💬 민지. 그러고 보니 문자 처음이네. 글 다 썼나 궁금해서.

헉, 민지다. 민지가 나에게 먼저 연락을 하다니.

💬 아직. 지금 학원 갔다 왔거든. 이제부터 쓸 거야.
💬 그렇구나. 글을 다 쓰면 나한테 메일로 보내줄래? 종이로 출력하는 것이 좋을
것 같아서……. 그리고 여자애들이 쓴 것처럼 용어나 표현 선택 잘해 줘.
💬 그래. 조심할게.
💬 다 쓰면 연락해. 기다릴게.

나는 정신이 번쩍 들었다. 빛을 잃어가던 별이 다시 반짝반짝 빛나는 기분이 들었다. 민지가 나에게 부탁한 일, 그래 해야지. 얼른 해야지. 나는 의욕이 샘솟았다. 민지가 나의 글을 기다린다고 생각하니 마음이 설레었다.

한자음 그물망

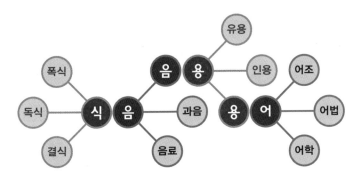

같은 음, 다른 뜻

식

'음식'을 뜻하는 식 (食)	독식, 포식, 결식, 식구
'심다'를 뜻하는 식 (植)	식목일, 이식, 식물
'법', '규정'을 뜻하는 식 (式)	공식, 식전, 격식
'알다'를 뜻하는 식 (識)	식견, 지식, 식별

음

'마시다'를 뜻하는 음 (飮)	식음, 과음, 음료
'소리'를 뜻하는 음 (音)	음률, 부음, 음향
'응달', '그늘'을 뜻하는 음 (陰)	음력, 음습, 음흉

용

'쓰다'를 뜻하는 용 (用)	용어, 유용, 인용, 도용, 남용
'얼굴', '용서하다'를 뜻하는 용 (容)	용모, 용납, 포용
'용기', '날쌔다'를 뜻하는 용 (勇)	용맹, 용사, 용단
'녹이다'를 뜻하는 용 (鎔)	용광로, 용융, 용암

어

| '말'을 뜻하는 어 (語) | 어학, 어조, 어법 |
| '고기를 잡다', '물고기'를 뜻하는 어 (漁, 魚) | 어업, 어부, 어류 |

식

|01| '음식'을 뜻하는 식(食) : 독식, 포식, 결식, 식구

권력을 차지한 돼지들은 식량을 **독식**했다. 다른 동물들은 끼니도 제대로 때우지 못하는데 비해 돼지들은 날마다 **포식**을 했다. 날이 가고, 달이 갈수록 피둥피둥 살이 찌는 것이 보였다. 나머지 동물들은 마치 **결식** 아동처럼 건강 상태가 안 좋아졌다. 돼지들은 늘 우리는 한 **식구**라고 말했지만, 그것은 굶는 동물들의 불만을 달래려는 얄팍한 수단이었다. 그러던 어느 날 마침내 동물들의 불만이 폭발했고, 동물 농장을 지배하던 돼지들의 독재가 무너졌다.

|02| '심다'를 뜻하는 식(植) : 식목일, 이식, 식물

묘목을 잘 길렀다가 **식목일**이 되면 숲에 **이식**을 합니다. 이식을 할 때는 뿌리를 잘 다뤄야 해요. **식물**은 뿌리가 생명이거든요.

|03| '법', '규정'을 뜻하는 식(式) : 공식, 식전, 격식

공식 행사를 시작하지도 않았는데, 사회자는 약간 긴장한 듯 보였다. **식전** 행사면 조금 자유롭게 해도 될 텐데, 긴장한 사회자는 지나치게 **격식**을 차려 행사를 진행했다. **식전** 행사부터 격식을 따지니 **공식** 행사는 얼마나 딱딱할지 걱정되었다. 나는 지루해서 하품이 나왔다.

|04| '알다'를 뜻하는 식(識) : 식견, 지식, 식별

그는 삶과 세상에 대한 뛰어난 **식견**뿐만 아니라 실천력도 갖춘 보기 드문 사람이었다. 그는 자기 재산의 절반을 기부하고 다음과 같이 말했다.

"언젠가는 함께 사라질 우리 시대의 사람들과 더 의미 있고, 행복하게 살다가 별 너머의 먼지로 사라져 가는 것이 인간의 삶이라 생각한다."

진짜 **지식**인과 가짜 **지식**인을 **식별**하는 것은 어렵지 않다. 자신이 말한 대로 실천하느냐, 하지 않느냐를 보면 된다. 그는 자기 말대로 실천했다. 그래서 나는 그를 존경한다.

 음

|01| '마시다'를 뜻하는 음(飮) : 식음, 과음, 음료

하루 종일 **식음**을 끊고 일을 하시던 아빠는 일을 마치자마자 **과음**을 하셨다. 아침에 일어나 꿀물을 탄 **음료**를 드렸더니 환하게 웃으신다.

|02| '소리'를 뜻하는 음(音) : 음률, 부음, 음향

쓸쓸한 **음률**이 흘러나오는 가운데 유명 탤런트의 **부음** 소식이 들렸다. **부음**을 담

은 음향은 사라지지 않고 방안 이곳저곳에 부딪쳤고, 내 방은 슬픔으로 가득 찼다.

|03| '응달', '그늘'을 뜻하는 음(陰) : 음력, 음습, 음흉

음력 그믐은 달이 완전히 보이지 않는다. 달이 사라진 음습한 분위기 때문인지 그믐을 배경으로 한 음흉한 이야기들이 많다.

 용

|01| '쓰다'를 뜻하는 용(用) : 용어, 유용, 인용, 도용, 남용

용어의 뜻을 정확히 아는 것은 참 유용합니다. 예를 들어 인용, 도용, 남용의 차이를 알 수 있을까요? 인용은 남의 말이나 글을 자신의 말이나 글 속에 끌어다 쓰는 것, 도용은 남의 물건이나 이름을 몰래 쓰는 것, 남용은 주어진 권리나 권한의 범위를 넘어서 힘이나 권력을 함부로 사용하는 것을 말합니다. 비슷해 보이지만 뜻이 참 다르죠? 만약 이 단어의 뜻을 정확히 모르고 쓴다면 글이 자기 생각과 달라지게 됩니다. 그렇기 때문에 용어의 뜻을 정확히 알아야 합니다.

|02| '얼굴', '용서하다'를 뜻하는 용(容) : 용모, 용납, 포용

예전에는 타고난 용모를 고치기 위해 몸에 칼을 대는 것을 용납하지 않았다. 어느 순간부터 성형 수술도 할 수 있다고 너그럽게 포용하는 분위기가 형성되더니 지금은 성형수술하는 것을 부러워하는 상황이 되었다. 세상 일은 참 알 수가 없다.

국어 어휘력 만점공부법, 시작은 〈한자〉다

|03| '용기', '날쌔다'를 뜻하는 용(勇) : 용맹, 용사, 용단

그들은 말 그대로 **용맹**스런 **용사**들이었다. 그들은 파도를 뚫고 구조선을 불러오 겠다는 **용단**을 내렸다. 그들의 **용기** 있는 결정에 모두들 감탄했다. **용사**들은 24 시간 동안 거센 파도를 이겨내고 구조 요청에 성공했다.

|04| '녹이다'를 뜻하는 용(鎔) : 용광로, 용융, 용암

이러저러한 금속을 **용광로**에 넣으면 **용융**이 일어난다. **용광로** 안에서 금속이 녹 아서 섞이는 모습은 **용암**이 끓는 모습과 비슷하다.

 어

• |01| '말'을 뜻하는 어(語) : 어학, 어조, 어법

어학을 공부한 사람이어서 그런지 그녀는 늘 차분한 **어조**와 격식에 맞는 **어법**을 사용했다. 그녀와 대화할 때면 나도 저절로 **어법**에 맞는 말을 하려고 애쓰게 된다.

|02| '물고기'를 뜻하는 어(漁, 魚) : 어업, 어부, 어류

옛날 **어업**은 **어부**들이 바다에 나가 **어류**를 잡는 것이 전부였지만, 요즘 **어부**들을 연안에서 **어류**를 양식하기도 한다.

28
연유緣由 : 유래由來 : 내방來訪

남학생들에게 보내는 담화문

현재 1학년 4반은 심각한 상황이다. 남학생들이 두 패로 나뉘어 서로 다투고 사사건건 대립한다. 늘 함께 생활하는 공간에서 서로 다투고 편 가르기를 하는 모습은 정말 꼴불견이다.

두 패로 나누어진 유래를 생각하면 더 한심하다. 두 사람의 사소한 감정 싸움이 전체 남학생들의 대결로 확대되었다. 그때 두 사람이 서로 서운한 감정을 풀었으면 그것으로 끝이었을 것이다. 그리고 두 사람의 감정 싸움의 내용도 지금처럼 남학생이 두 패로 나뉘어 사사건건 싸울 정도의 일은 전혀 아니었다.

현재 이 문제는 우리 반 내부의 문제만이 아니다. 우리 반을 내방한 다른 반 아이들에게서 우리 반은 분위기가 이상하다는 말이 자주 들려온다. 남학생들이 두 패로 나뉘어서 알력 다툼을 한다는 사실을 알면 모두 비웃는다. 심지어 어떤 아이는 "너희 반 남자애들은 정치인 흉내 내기 하냐?"라는 말도 하였다. 정말 수치스러운 표현이 아닐 수 없다.

우리 여학생들은 전체 회의를 열어 더 이상 남학생들의 몰상식하고, 수치스러우며 치욕스러운 편 가르기를 용납할 수 없다는 결론을 내렸다. 이에 우리 여학생들은 다음과 같이 요구한다.

❶ 무슨 연유로 다툼이 시작되었든, 이제는 편 가르기를 그만두고 화해를 해야 한다.

❷ 만약 편 가르기를 그만두지 않을 경우, 앞으로 편 가르기에 참여하는 남학생들은 모든 여학생들이 나서서 괴롭힐 것이며, 다른 반 아이들까지도 이에 참여시킬 것이다.

❸ 그럼에도 편 가르기를 멈추지 않으면 여학생 전원이 선생님께 모든 사실을 알리고, 강력한 조치를 취해달라고 요구할 것이다.

아무쪼록 남학생들은 더 이상 유치한 편 가르기를 하지 말고 화목한 1학년 4반을 만드는 데 노력해주기를 당부한다.

1학년 4반 여학생 일동

한자음 그물망

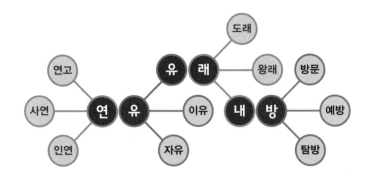

같은 음, 다른 뜻

연
'인연'을 뜻하는 연 (緣)	연유, 사연, 인연, 연고
'갈다', '연구하다'를 뜻하는 연 (研)	연수, 연마, 연구
'그러하다'를 뜻하는 연 (然)	자연, 당연, 엄연
'잇달아'를 뜻하는 연 (聯, 連)	연계, 연상, 연속, 연관
'해', '연도'를 뜻하는 연 (年)	연두, 매년, 풍년

유
'말미암다'를 뜻하는 유 (由)	자유, 유래, 이유
'있다'를 뜻하는 유 (有)	유력, 보유, 유해
'흐르다'를 뜻하는 유 (流)	유입, 유행, 유포, 유출
'무리', '집단'을 뜻하는 유,류 (類)	분류, 유사, 어류, 조류, 포유류

내[래]
'오다'는 뜻의 내 (來)	왕래, 내방, 도래, 초래
'안쪽'을 뜻하는 내 (內)	내역, 내홍, 내부
'견디다'를 뜻하는 내 (耐)	감내, 인내, 내성

방
'찾다'를 뜻하는 방 (訪)	방문, 예방, 탐방
'각, 방법'을 뜻하는 방 (方)	방침, 사방, 방편, 방위
'막다'를 뜻하는 방 (防)	방지, 방어, 공방
'놓다', '내치다'를 뜻하는 방 (放)	방종, 방치, 방송, 석방

문맥으로 이해하기

 연

|01| **'인연'을 뜻하는 연(緣) : 연유, 사연, 인연, 연고**

집안에 조금 복잡한 문제가 생겨서 그 일을 처리하느라 모임에 조금 늦었다. 문을 열고 들어서자마자 그가 물었다.

"무슨 **연유**로 이제야 왔어?"

그의 말투는 꼭 따지는 듯했다. 우리 집안의 복잡한 **사연**을 털어 놓아야 하는 것이 싫어서 늦은 **연유**를 설명하지 않았다. 공식 모임도 아니었기 때문에 늦었다고 변명할 필요도 없었다. 그는 나에게 불필요하게 관심이 많았다. 평소에도 나와 스치듯 만나는 **인연** 말고는 아무런 **연고**도 없으면서 나를 잘 아는 척 했다.

|02| **'갈다', '연구하다'를 뜻하는 연(硏) : 연수, 연마, 연구**

선생님은 갑자기 **연수**를 떠났다. 실력을 더 **연마**하겠다는 이유였다. 선생님은 우리에게 '**연구**를 계속 하라'고 말했지만, 선생님이 없이는 **연구**가 불가능했다.

247

|03| '그러하다'를 뜻하는 연(然) : 자연, 당연, 엄연

얼핏 생각하기에 **자연**에서는 강하면 살아남고, 약하면 죽는 것이 **당연**해 보인다. 그런데 실제로는 강자보다 약자들이 더 번성한다. 믿어지지 않겠지만 이것은 **엄연**한 사실이다. 비밀은 약자들의 협동에 있다.

|04| '잇달아'를 뜻하는 연(聯, 連) : 연계, 연상, 연속, 연관

"유명 대학과 우리 중학교가 **연계**해서 하는 활동이므로 잘 따라주기를 바랄게. 지금부터 내가 말하는 단어를 듣고 **연상**되는 단어를 말해."

"선생님, 한 단어만 말하면 되나요?"

"아니, 생각나는 것을 **연속**해서 말해."

"밀접한 관계가 있는 단어만 말해야 하나요?"

"그러면 좋지만, 꼭 직접 **연관**되는 단어만 말할 필요는 없어. 그냥 생각나는 대로 말하면 돼. 이제 시작하자. 사과."

|05| '해', '연도'를 뜻하는 연(年) : 연두, 매년, 풍년

농림부 장관은 새해 첫날 **연두** 기자 회견을 열고 **매년 풍년**이라면서, 올해도 풍년이면 좋겠다고 말했다.

유

|01| '말미암다'를 뜻하는 유(由) : 자유, 유래, 이유

자유라는 말은 고대 그리스인들에게서 **유래**하였다. 그리스에 첫 발을 내디딘 순간 **자유**라는 단어가 가장 먼저 떠오른 **이유**다.

|02| '있다'를 뜻하는 유(有) : 유력, 보유, 유해

이번 대회에서는 그가 우승할 것이 **유력**하다. 그는 정말 뛰어난 기술을 **보유**했을 뿐만 아니라 끈기가 대단하다. 그는 이번 대회를 앞두고 몸에 **유해**하다는 이유로 술과 담배를 완전히 끊었다고 한다.

|03| '흐르다'를 뜻하는 유(流) : 유입, 유행, 유포, 유출

독재정권은 자유로운 문화가 **유입**되는 것을 철저히 막았다. 미니스커트가 **유행**하자 이를 특별 단속한 것도 자유로운 분위기가 퍼지는 것을 막기 위해서였다. 당연히 자유로운 사상을 **유포**하는 것도 철저히 막았다. 그러면서도 독재정권은 많은 우리 문화재가 해외로 **유출**되는 것은 막지 못했다.

|04| '무리', '집단'을 뜻하는 유, 류(類) : 분류, 유사, 어류, 조류, 포유류

생명체를 **분류**할 때는 **유사**한 것끼리 하나로 묶는다. **어류**, 양서류, 파충류, **조류**, **포유류** 등은 유사한 특징을 지닌 생명체를 큰 틀에서 하나로 분류한 것이다.

 내

|01| '오다'는 뜻의 내(來) : 왕래, 내방, 도래, 초래

평소에 잘 **왕래**하지 않던 김을숙이 어느 날 불쑥 우리 집을 찾아왔다.

"아니 이렇게 직접 **내방** 하시다니, 무슨 일이십니까?"

"독재시대가 끝나고 새 시대가 **도래**하고 있음을 증명하는 국민의 함성이 곳곳에 울려 퍼지고 있습니다. 이러한 상황에서 '함께 무엇인가를 해야 하지 않을까'하는 생각이 들어 찾아왔습니다."

"저는 지금 오히려 조심해야 한다고 생각합니다. 자칫 실수하면 오히려 나쁜 결과를 초래할 수도 있습니다."

내 말을 들은 김을숙은 조금 실망한 듯했다.

|02| '안쪽'을 뜻하는 내(內) : 내역, 내홍, 내부

돈을 사용한 **내역**이 모두 드러나자 단체는 심각한 **내홍**에 빠졌다. 갈등과 다툼이 심각해지면서 단체는 **내부**로부터 무너져 내렸다.

|03| '견디다'를 뜻하는 내(耐) : 감내, 인내, 내성

내 잘못으로 벌어진 일이니 내가 **감내**해야 한다. 나는 원래 **인내**를 잘한다. 참고 견디는 것에는 워낙 **내성**이 생겨서 별로 힘들지도 않다.

 # 방

|01| '찾다'를 뜻하는 방(訪) : 방문, 예방, 탐방

대통령 선거 후보로 선출되자마자 오전에는 현충원을 **방문**했고, 점심 때는 전직 대통령을 **예방**했습니다. 오후에는 민생 현장을 **탐방**하기 위해 남대문 시장에 들렀습니다.

|02| '각', '방법'을 뜻하는 방(方) : 방침, 사방, 방편, 방위

부하들은 성을 포기하자고 했지만 장군은 끝까지 성을 지킨다는 **방침**에 변화가 없다고 밝혔다. **사방**은 고요했다. 성벽이 무너진 자리에 임시 **방편**으로 세운 방어벽이 위태로워보였다. 장군의 명령에 따라 황색, 청색, 홍색, 흑색, 백색의 오색기가 각 **방위**에 따라 세워졌다. 장군이 무슨 뜻으로 오색의 깃발을 각 **방위**에 세웠는지는 아무도 몰랐다.

|03| '막다'를 뜻하는 방(防) : 방지, 방어, 공방

장군은 성벽 앞에 땅을 깊이 파고 날카로운 죽창을 꽂게 했다. 적이 성벽 가까이 접근하는 것을 **방지**하기 위함이었다. **방어**를 위한 준비를 다 마쳤을 때 적들이 다시 한 번 쳐들어왔고, 아군과 적군은 치열한 **공방**을 벌였다.

|04| '놓다', '내치다'를 뜻하는 방(放) : 방종, 방치, 방송, 석방

책임과 의무가 따르지 않는 자유는 자칫 **방종**으로 흐르기 쉽다. 나는 우리 마을에서 **방종**을 목격했다. 마을 앞 공터에 언제부터인가 조금씩 쓰레기가 쌓였는데, 아무도 쓰레기를 치우지 않고 **방치**했다. 얼마 지나지 않아 마을 공터는 쓰레기가 썩는 냄새 때문에 지나가기조차 힘든 지경에 이르렀다. 이장님이 쓰레기 버리지 말라고 몇 번이나 **방송**했지만 소용이 없었다. 마침내 경찰이 단속에 나섰고 몰래 쓰레기를 버리다 다섯 사람이 체포되었다. 이들은 수십만 원씩의 벌금을 낸 후에야 **석방**되었다. 그 일이 있고 난 후 공터에 쌓이던 쓰레기가 사라졌다.

29
제패制覇 : 패업覇業 : 업적業績

> 💬 메일 보냈어.

> 💬 와, 벌써? 고마워.

> 💬 고맙긴. 당연히 해야 할 일을 했을 뿐인데 뭘.

> 💬 아니야. 진짜 고마워. 이번 토요일에 내가 한턱 쏠게.

> 💬 진짜? ^^ 기대할게~♬ 혹시 이상한 문장이 있으면 연락해.

> 💬 응. 알았어. 잘 자.

> 💬 너두.

휴대전화를 내려놓고 나는 펄쩍펄쩍 뛰었다. 수학 시험 망쳐서 울적하던 기분이 완전히 날아가 버렸다. 토요일까지 어떻게 기다리지? 히히히. 상황이 허락한다면 기쁨의 소리를 마음껏 지르고 싶었다.

삐리리~! 삐리리~!

현관문 벨소리다. 나는 얼른 일어나서 밖으로 나갔다.

"다녀오셨어요. 아빠."

"아빠 오셨어요."

"그래 우리 딸, 참~ 아직 드라마할 시간 안 됐지?"

"들어오자마자 당신도 참, 이제 곧 시작할 시간이에요."

아빠는 얼른 옷을 갈아입더니 소파에 앉았다. 엄마는 음료수를 탁자에 올려놓고는 방으로 들어갔다. 누나도 누나 방으로 들어갔다. 사극은 나와 아빠만 봤다. 아빠와 나는 사극 마니아다.

아빠와 내가 지금 보고 있는 사극은 어떤 사람이 고생을 하다가 훌륭한 업적을 쌓고, 결국 천하를 제패하고, 패업을 이룩한다는 내용이다. 뻔한 스토리라서 앞으로 어떻게 펼쳐질 것인지 대충 짐작할 수 있지만 너무 재미있다. 엄마와 아빠가 사극이냐, 일반 드라마냐를 두고 약간의 다툼을 벌였지만 더 집요한 아빠가 텔레비전 채널 선택권을 장악했다. 그래서 아빠와 나는 편안하게 거실에서 사극을 즐길 수 있게 되었다. 천하를 제패한 왕은 아니지만 텔레비전 채널을 장악했다는 것만으로, 큰 패업을 이룬 왕보다 더 행복한 기분이 드는 것은 왜일까? 솔직히 사소한 승리에 목숨 걸고 달려드는 것이 남자들이 아닌가 싶기도 하다.

사극을 재미있게 본 후에 아빠에게 학교 선생님이 주신 서류를 드렸다. 아빠는 꼼꼼히 살펴보시더니 내일 직접 선생님께 연락을 드리겠다고 하셨다. 나는 아빠께 인사를 드리고 내 방으로 들어갔다. 고생스럽기도 하고, 힘들기도 했던 하루가 이제 끝나간다.

한자음 그물망

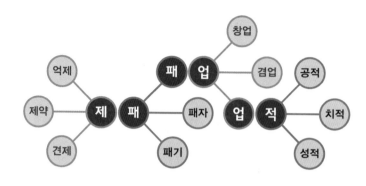

같은 음, 다른 뜻

제

'절제하다', '규정'을 뜻하는 제 (制)	제약, 억제, 견제, 제패
'짓다'를 뜻하는 제 (製)	제품, 제조, 수제품
'제목'을 뜻하는 제 (題)	문제, 제호, 제목, 숙제, 난제, 의제
'차례', '순서'를 뜻하는 제 (第)	제일, 급제, 낙제
'제사'를 뜻하는 제 (祭)	제단, 제사, 제기, 축제
'임금'을 뜻하는 제 (帝)	제국, 황제, 제위

패

'으뜸'을 뜻하는 패 (覇)	패자, 패권, 패업, 패기
'패하다', '지다'를 뜻하는 패 (敗)	성패, 참패, 패퇴
'거스르다'를 뜻하는 패 (悖)	패륜, 행패, 패악

업

| '일'을 뜻하는 업 (業) | 어업, 관광업, 겸업, 창업, 임대업, 조업, 본업 |

적

'성과'를 뜻하는 적 (績)	성적, 업적, 공적
'과녁', '어떤 경향'을 나타내는 적 (的)	적당, 획기적, 적중, 압도적
'맞다'를 뜻하는 적 (適)	적기, 적합, 적절, 최적
'쌓다', '저축하다'를 뜻하는 적 (積)	축적, 누적, 적극
'붉다'를 뜻하는 적 (赤)	적외선, 적색
'원수', '싸우다'를 뜻하는 적 (敵)	숙적, 대적, 필적, 적군

제

|01| '절제하다', '규정'을 뜻하는 제(制) : 제약, 억제, 견제, 제패

단체 생활에는 여러 가지 **제약**이 있기 마련이다. 개인이 하고 싶은 일을 **억제**해야 할 때도 많다. 누군가 일방적으로 하거나, 멋대로 하려고 하면 **견제**도 해야 한다. 어떤 팀이든 대회를 **제패**한 팀을 보면 단결이 잘되어 있다는 것을 알 수 있다.

|02| '짓다'를 뜻하는 제(製) : 제품, 제조, 수제품

옛날에는 요즘처럼 공장에서 **제품**을 **제조**하지 않고, 장인들이 일일이 손으로 만들었다. 직접 손으로 만든 **수제품**인 만큼 정성이 가득했지만 대량 생산은 꿈도 꾸지 못했다.

|03| '제목'을 뜻하는 제(題) : 문제, 제호, 제목, 숙제, 난제, 의제

학원 선생님이 내민 문제집의 **제호**는 '최상위 1등급 고난이도 수학'이었다. 책 제목에 기가 죽었다. 강의를 들을 때는 조금 이해가 됐지만 **숙제**를 하려고 하니 거의 대부분이 풀리지 않았다. 모든 **문제**가 정말 **난제** 중의 **난제**였다. 일주일 후, 참다못한 우리들은 '**문제**집 교체'를 **의제**로 하여 토의를 한 후에 대표를 뽑아 학원 선생님께 문제집을 바꿔달라는 건의를 했다.

|04| '차례', '순서'를 뜻하는 제(第) : 제일, 급제, 낙제

김선달의 실력은 평안도 일대에서 **제일** 좋았다. 모두들 김선달의 과거 **급제**는 당연하다고 믿었다. 그러나 모두의 생각과 달리 김선달은 **낙제**했다. 김선달의 실력을 아는 사람들은 김선달이 돈과 권력이 없어 떨어진 것이라고 수군거렸다.

|05| '제사'를 뜻하는 제(祭) : 제단, 제사, 제기, 축제

다섯 가지 색의 천으로 꾸며진 **제단**에는 다섯 방위의 신들을 모셨다. **제사**에 쓰는 그릇인 **제기**도 다섯 방위의 신들을 상징하는 색깔이었다. 다섯 방위의 신에게 모시는 **제사**는 **축제**의 절정이었다. 제사가 끝나면 밤새 흥겨운 춤 마당이 펼쳐졌다.

|06| '임금'을 뜻하는 제(帝) : 제국, 황제, 제위

그동안 왕으로 불리던 고종은 조선의 국호를 대한**제국**으로 바꾸고, 자신을 **황제**로 칭했다. 1897년 10월 12일, 고종은 하늘에 제사를 지내고, 대한**제국 황제**의 **제위**에 올랐다.

패

|01| '으뜸'을 뜻하는 패(覇) : 패자, 패권, 패업, 패기

나는 예전에 패자라고 하면 싸움에서 패한 사람만을 뜻하는 것인 줄 알았어. 그런데 전쟁에서 승리했는데 패자라고 하는 거야. 승리한 사람은 패권을 잡았다고도 하는데, 무슨 말인지 이해가 가지 않았어. 더 이상한 것은 세상을 지배한 것을 패업을 이루었다고 해. 패업이면 망한 거 아닌가? 나는 정말 황당했지. 굴복하지 않고 패기 있게 싸웠다는 말도 있는데, 나는 처음에 누구를 팼나 했어. '때리기=패기'라고 생각한 거지. 그런데 알고 보니 내가 생각한 패는 패할 패(敗)고, 패권, 패자, 패기, 패업은 으뜸을 뜻하는 패(覇)더라고. 그때야 모든 뜻이 이해가 됐어.

|02| '패하다', '지다'를 뜻하는 패(敗) : 성패, 참패, 패퇴

첫 번째 경기, 너무 긴장했는지 우리는 실수를 많이 했고, 경기 10분 만에 성패가 결정됐다. 우리는 일방적으로 몰린 끝에 참패했다. 첫 경기를 망쳐서일까, 우리는 그 후 경기에서 계속 패퇴했고, 단 1승도 올리지 못한 채 마지막 경기를 맞이했다.

|03| '거스르다'를 뜻하는 패(悖) : 패륜, 행패, 패악

"이런 패륜아 같으니라고. 어디 부모 앞에서 행패야, 행패가. 네가 그러고도 사람이냐? 이런 패악을 다른 사람 앞에서 해도 못된 짓이거늘, 부모 앞에서 이따위 짓을 하더니 그러고도 네가 사람이냐?"
옆집 아서씨가 무섭게 꾸짖자 그제야 석진은 행패를 멈췄다.

업

|01| '일'을 뜻하는 업(業) : 어업, 관광업, 겸업, 창업, 임대업, 조업, 본업

마을 사람들은 대부분 **어업**과 **관광업**을 **겸업**했다. **어업**만으로는 먹고 살기가 힘들었기 때문이다. 마지막까지 **어업**만 고집하던 아빠도 마침내 '태안 모터보트'라는 이름으로 가게를 **창업**하고 모터보트 **임대업**을 시작했다. 그러나 **창업**한 지 겨우 10일 후, 유조선 침몰 사고로 대규모 바다 오염이 발생하면서 모든 **조업**이 금지되었다. 아빠는 모터보트 사업뿐 아니라 **본업**인 **어업**도 제대로 할 수 없었다.

 적

|01| '성과'를 뜻하는 적(績) : 성적, 업적, 공적

공무원 시험 **성적**이 뛰어났다고 해서 공무원으로서 **업적**이 뛰어난 것이 아니다. 오히려 **성적**이 낮아도 시민을 위하는 마음이 큰 공무원들이 더 큰 **공적**을 쌓는다.

|02| '과녁', '어떤 경향'을 나타내는 적(的) : 적당, 획기적, 적중, 압도적

모두들 **적당**히 넘어가려 했지만 현미는 달랐다. 이것을 해결하지 않으면 정말 큰 문제가 발생할 것이라고 말했다. 현미는 문제점을 고칠 수 있는 **획기적**인 방안도 함께 제시했다. 현미의 예상은 100% **적중**했고, 현미가 제시한 안은 다른 부서가 따라올 수 없는 **압도적**인 성과를 안겨주었다.

|03| '맞다'를 뜻하는 적(適) : 적기, 적합, 적절, 최적

농사는 아무 때나 하는 것이 아니다. 항상 **적기**에 맞춰서 모든 일을 해야 한다. 재

배하는 작물도 아무것이나 선택하면 안 된다. 우리나라 기후와 토양에 **적합**한 것인지 따져봐야 한다. 적절한 시기에 벌레도 잡아야 하고, 잡초도 제거해야 한다. 하지만 농부가 **적절**한 방법으로 열심히 정성을 기울인다고 해서 무조건 수확이 좋은 것은 아니다. 농사는 늘 환경의 영향을 받는다. 결국 **최적**의 환경과 농부의 정성이 만나야만 풍년이 찾아온다.

|04| '쌓다', '저축하다'를 뜻하는 적(積) : 축적, 누적, 적극

"평소에 불만이 알게, 모르게 많이 **축적**되었나 봅니다."

효진의 표정에는 걱정이 가득하다.

"아니, 그러게, 왜 이 정도까지 불만이 **누적**되도록 내버려 두셨어요?"

팀장은 효진을 책망했다.

"죄송합니다. 제가 더 **적극** 나서서 불만을 파악해야 했는데……. 정말 죄송합니다."

"휴, 이제 어떻게 할 겁니까? **누적**된 불만을 해결하려면 웬만한 방법은 안 통할 거 아니에요?"

|05| '붉다'를 뜻하는 적(赤) : 적외선, 적색

적외선은 적색 바깥에 있는 빛을 말한다. 적외선은 우리 눈에 보이지 않는다.

|06| '원수', '싸우다'를 뜻하는 적(敵) : 숙적, 대적, 필적, 적군

아나운서 자, 결승 길목에서 또다시 **숙적** 일본과 **대적**하게 되네요.

해설자 그렇죠. 저번 아시안 게임까지는 **숙적**이라고 부르기 민망할 정도로 일본의 실력이 우리에게 뒤졌는데, 이번에는 우리 대표팀에 **필적**할 만한 전력을 갖추었다는 것이 대체적인 평가입니다.

한일전 스포츠 경기를 듣다 보면 마치 전쟁터에서 **적군**과 싸우는 상황을 중계방송으로 듣는 기분이다. 오래된 원수 사이라는 뜻의 **숙적**, 적과 맞서 싸운다는 **대적**이라는 말을 사용하는 것은 상대편을 선의의 경쟁자로 보기보다 싸워서 물리칠 적으로 여기기 때문이다. 일본과의 스포츠 경기를 전쟁이 아니라 즐겁고 긴장감 넘치는 스포츠로 즐기면 안 되는 것일까?

30

회상回想 : 상념想念 : 염두念頭

이야기 속
어휘

　　잠자리에 누우면 나는 지난 하루 일을 회상하는 습관
이 있다. 아침에 일어나서부터 침대에 누울 때까지 일어난 일들을 되돌아보는 것
이다. 하루의 일을 떠올리다보면 기쁜 일도 생각나고, 후회되는 일도 많이 생각난
다. 오늘 하루는 정말 이러저러한 일이 많았다. 물론 따지고 보면 어제와 별반 다를
것 없는 날일 수도 있다. 그러나 나에게 오늘은 정말 특별한 날이었다. 특히 민지
와 친해질 수 있는 결정적인 계기를 만들었다는 것이 너무나 기뻤다. 내 머릿속은
온갖 상념들이 떠올랐다가 사라졌다. 그만 생각해야겠다. 이제는 자야할 시간이니
까……. 옆으로 돌아누웠다. 그래도 역시 잠이 오지 않았다. 머리가 너무 복잡했다.

　　나는 온갖 상념을 떨쳐 버리기 위해 머리를 세차게 흔들면서 자리에서 일어났
다. 방문을 열고 부엌으로 가서 음료수를 찾았다. 우리집에서 일몰 뒤에 먹을 수
있는 것은 음료수밖에 없다. 다른 것을 먹다가 엄마한테 걸렸다가는 다음 날 아침
밥을 못 먹는다. 그러니 먹고 싶어도 참는 수밖에 없다.

나는 시원한 음료수를 한잔 들이켰다. 찬 음료수를 먹으니 머리가 조금 맑아지는 기분이 들었다. 나는 다시 누웠다. 또다시 온갖 생각이 떠올랐다가 사라졌다. 나는 고개를 세차게 흔들고 스탠드를 켰다. 아무래도 책을 읽어야 잠이 올 것 같았다. 나는 읽어도 무슨 말인지 이해하기 어려운 책을 일부러 골랐다. 무작정 중간을 폈다.

> …… 객관적으로 나쁜 일은 세상에 존재하지 않습니다. 현실은 옳음도, 그름도 없습니다. 인간이 모두 멸종한 뒤에도 세상은 지속될 것이며, 인간 없는 세상은 여전히 아름답고 치열할 것입니다. 문제를 만드는 것은 외부의 객관적인 실체가 아니라 자기 자신의 내적 상태입니다. 잊지 말아야 합니다. 문제를 만드는 것은 세상이 아니라 나 자신입니다. 이것을 항상 염두에 두어야만 진실로 어려움에서 벗어날 수 있습니다. ……

어려웠다. 세상이 문제가 아니라, 내가 문제라는 말. 그것을 항상 염두에 두어야 한다는 말. 단어는 한국어인데 그 속뜻이 뭔지는 잘 다가오지 않았다. 항상 염두에 두라, 그래 그래야지. 그런데 뭘 염두에 두라고 했더라……. 툭~~~! 쿨~쿨~쿨~!

한자음 그물망

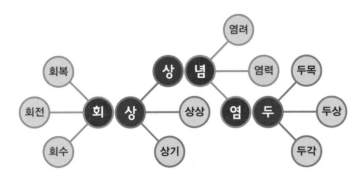

같은 음, 다른 뜻

회

'돌다', '돌아오다'는 뜻의 회 (回)　　　회복, 회수, 회상, 회전

'모인다'는 뜻의 회 (會)　　　회계, 회사, 회의, 회견

상

'생각'이라는 뜻의 상 (想)　　　공상, 상상, 상기, 상념

'위쪽'을 나타내는 상 (上)　　　상위권, 상석, 상관

'서로'라는 뜻의 상 (相)　　　상대, 상극, 상호

'모양'을 나타내는 상 (像)　　　두상, 밉상, 허상

'장사를 한다'는 의미인 상 (商)　　　상업, 상도의, 상호

'상을 탄다'는 뜻의 상 (賞)　　　으뜸상, 수상, 상패, 상품

'늘', '항상'을 나타내는 상 (常)　　　상용, 상록수, 상습

염[념]

'생각한다'는 뜻의 염 (念)　　　염력, 염려, 염두, 기념

'불과 관련한 뜻'을 지닌 염 (焰, 炎)　　　화염, 기염, 염증

'색깔을 들이다'는 뜻의 염 (染)　　　염색체, 염색, 염료

'깨끗하고 청렴하다'는 뜻의 염 (廉)　　　염탐, 염치, 청렴

두

'머리'라는 뜻의 두 (頭)　　　두목, 두각, 두상, 두서

'콩'이라는 뜻의 두 (豆)　　　두유, 두부

회

|01| '돌다', '돌아오다'는 뜻의 회(回) : 회복, 회수, 회상, 회전

현우는 옛 일을 떠올릴 때마다 괴롭기만 하다. 그 일로 인해 현우는 **회복**하기 힘
든 고통을 떠안았다. 현우는 자신이 뱉은 말을 **회수**할 수만 있다면, 거둬들여서
쓰레기통에 처박을 수 있다면 그렇게 하고 싶었다. 아픈 기억을 **회상**할 때마다 빠
르게 **회전**하는 놀이 기구에 탄 느낌처럼 어지러워 미칠 것 같았다.

|02| '모인다'는 뜻의 회(會) : 회계, 회사, 회의, 회견

나는 열심히 수입, 지출과 관련한 서류를 정리했다. 이렇게 **회계** 장부를 정리할
때마다 느끼는 것이지만 돈에 관련된 서류는 정말 복잡하다. 왜 이렇게 **회계**가
어려운지 모르겠다. 며칠 뒤에 **회사**에서 중요한 회의가 열린다. **회의** 뒤에는 기자
회견을 열어 우리 **회사**의 처지를 알려야 한다. 기자들과의 만남이 잘 이루어지기
를 간절히 기도해본다. 이 **회견**에 우리 **회사**의 운명이 걸려 있다.

상

|01| '생각'이라는 뜻의 상(想) : 공상, 상상, 상기, 상념

경수 너 또 공상에 빠져 있구나!

현주 공상이라니, 상상이야.

경수 공상이나, 상상이나!

현주 공상과 상상은 다른 거야. 내가 전에 상상으로 멋진 작품을 만들어서 상 탄 것을 상기해봐. 나는 공상이 아니라 상상하는 것이라고.

경수 상상이든, 공상이든 너는 이런저런 생각이 지나치게 많아. 그렇게 상념에 빠져 살면 공부는 언제 하냐?

|02| '위쪽'을 나타내는 상(上) : 상위권, 상석, 상관

학생들이 공부를 해서 상위권을 차지하고 싶은 것은 어쩌면 성공해서 남들보다 높은 자리, 즉 상석을 차지해서 상관이 되고 싶기 때문인지도 모른다.

|03| '서로'라는 뜻의 상(相) : 상대, 상극, 상호

현주 그런 상대는 무시해 버려.

경수 날마다 얼굴 보는데 무시하기 어려워.

현주 너와 그 아이는 완전히 정반대야, 상극이라고.

경수 나도 알아. 그래도 상호 예의는 지켜야지.

현주 그래, 내 말이 그 말이야. 서로 예의를 지켜야지.

|04| '모양'을 나타내는 상(像) : 두상, 밉상, 허상

"두상이 참 멋지구나." 할아버지는 흐뭇한 미소를 지으셨다. 나는 평소 내 머리가 밉상이라고 생각했는데, 할아버지 말씀을 듣고 생각이 바뀌었다. 남들이 뭐라고 하는 말은 실체가 없는 **허상**인지도 모른다. 그렇기는 하지만 **허상**이라 하더라도 할아버지 칭찬은 듣기 좋았다.

|05| '장사를 한다'는 의미인 상(商) : 상업, 상도의, 상호

상업을 하는 사람들 사이에는 **상도의**가 있다. 옛 상인들은 **상도의**를 매우 중요하게 여겼다. **상호**는 가게의 얼굴이다. 요즘은 **상호**에 이상한 외국어를 많이 쓴다. 아름다운 우리말 **상호**를 사용하는 것도 중요한 **상도의**라고 생각한다.

|06| '상을 탄다'는 뜻의 상(賞) : 으뜸상, 수상, 상패, 상품

으뜸상을 **수상**하면 **상패**와 더불어 **상품**이 주어지기 마련이다.

|07| '늘', '항상'을 나타내는 상(常) : 상용, 상록수, 상습

경수   너는 그것을 매일 사용하더라!

현주   응, 워낙 좋아해서 **상용**하는 편이지.

경수   마치 늘 푸른 **상록수**처럼 그 볼펜을 향한 애정이 변함없구나.

현주   그런데 그거 아니? 너 그 볼펜을 잡으면 **상습**적으로 턱을 괸다는거?

경수   내게 그런 습관이 있었어? 몰랐네.

염

|01| '생각한다'는 뜻의 염(念) : 염력, 염려, 염두, 기념

내 염력은 최고야. 혹시 내 염력이 약해졌을 것이라는 염려는 하지 않아도 돼. 내가 실패할 것이라는 것은 염두에 두지 않아도 좋아. 승리를 기념할 준비나 하라고.

|02| '불과 관련한 뜻'을 지닌 염(焰, 炎) : 화염, 기염, 염증

불꽃이 이글거렸다. 화염은 우리를 집어삼킬 듯 치솟았다. 뒤를 따르던 용사들은 겁을 먹지 않았다. 곧 마주칠 붉은 용의 화염에도 전혀 주눅 들지 않겠다며 기염을 토했다. 우리들이 내뿜는 열기가 용의 화염보다 오히려 뜨거웠다. 나는 오른쪽 팔이 저려왔다. 첫 단계에서 입었던 상처에서 염증이 심해졌기 때문이다.

|03| '색깔을 들이다'는 뜻의 염(染) : 염색체, 염색, 염료

세포에는 염색체가 있다. 염색체는 세포의 유전 물질을 담고 있다. 염색체에는 색깔을 담은 유전자도 있다. 그 색깔이 바로 염색을 할 때 사용하는 원료인 염료가 된다. 좋은 염료는 좋은 염색을 위해 꼭 필요하다.

|04| '깨끗하고 청렴하다'는 뜻의 염(廉) : 염탐, 염치, 청렴

날 그렇게 감시하고 싶었어? 응? 도대체 왜 날 염탐한 거야? 내가 그렇게 염치없이 나쁜 짓을 할 줄 알았단 말이야? 나는 깨끗해. 청렴하다고. 나는 불쌍한 사람들을 협박해서 돈이나 받는 그런 염치없는 짓은 절대 안 해! 그러니 날 염탐하는 것은 그만 둬.

두

|01| '머리'라는 뜻의 두(頭) : 두목, 두각, 두상, 두서

다른 사람이 '닭'이라면 두목은 마치 '학'과 같았지. 우리 두목은 어릴 때부터 정말 두각을 나타냈어. 두목의 두상이 조금 이상하기는 하지? 그 머리 때문에 어릴 때 많이 힘들었다고 해. 사실 두목은 말주변이 조금 없어. 그래서 말하는 것을 들으면 조금 두서가 없어. 말이 조금 왔다 갔다 하지.

|02| '콩'이라는 뜻의 두(豆) : 두유, 두부

이 콩으로 두유를 만들까? 두부를 만들까?

고사성어 만점공부법도 만나 보세요!

사전, 그리고 자기만의 언어

필자가 이 책에 소개한 것은 한자어의 어휘력을 향상시키는 가장 좋은 방법이다. 그러나 이 방법만으로 어휘력 공부가 완성되는 것은 아니다. 어휘력을 키우려는 학생에게 사전은 필수다. 상당한 경지에 이른 문장가들도 늘 사전을 옆에 두고 공부를 한다고 하니, 평범한 사람들은 더더욱 사전을 가까이 해야 할 것이다.

영어 공부하는 학생이 영어 사전을 손에서 놓지 않듯이, 우리말을 익히는 학생은 우리말 사전을 항상 곁에 두어야 한다. 영어 공부할 때는 사전을 열심히 찾으면서, 우리말을 공부할 때 우리말 사전 찾기를 게을리 하는 것은 올바른 태도가 아니다. 모국어의 뿌리가 튼튼해야 외국어도 제대로 익히는 법이다. 이제는 가정마다 학생 수준에 맞는 사전 하나쯤은 갖추고, 사전을 찾는 습관을 가지기를 당부한다.

또 이 책에서 다루지는 않았지만 순우리말 어휘력을 기르는 노력이 반드시 필요하다. 우리말이 지나치게 한자어와 영어에 지배당하면서 우리말 고유의 아름다움이 많이 사라졌다. 순우리말의 아름다움을 되살리기 위한 사회적인 노력이 필요하다고 생각한다. 교육 당국과 선생님뿐만 아니라 학생들 스스로도 순우리말을 익히는 노력을 해야 할 것이다.

마지막으로 자기만의 언어 세계를 구축하려는 노력이 필요하다는 점을 강조하고 싶다.
언어 생활에서는 폭넓은 어휘력도 중요하지만 자기만의생각을
담은 개성 있는 어휘와 표현도 매우 중요하다.
언어는 생각을 지배하기에 타인의 언어에 지배당하면 자기다움이 사라진다.
자신의 생각은 자기의 언어로 해야 하고, 그럴 때만 자기의 고유성을 지킬 수 있다.

국밥연구소

국어 어휘력
만점 공부법
시작은 한자 다